DAS GROSSE SPECKTAKEL

Das Kochbuch

DAS GROSSE SPECKTAKEL

Das Kochbuch

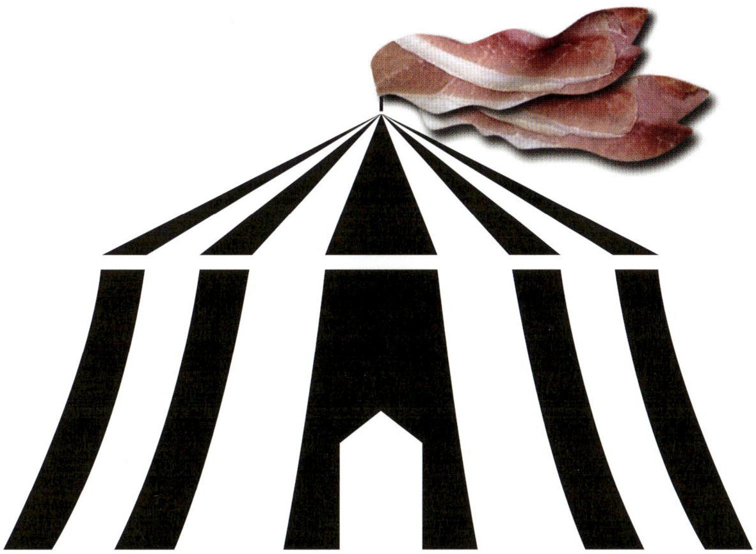

AUTOREN Bettina Snowdon | Martin Lagoda FOTOGRAF Wolfgang Schardt

INHALT

EINLEITUNG

Respeckt, Respeckt!

Die Kalorien zählen wir später. Denn jetzt geht es um den Speck. Kompromisslos und in seiner ganzen Vielfalt: um den fetten, mageren, grünen, durchwachsenen, gesalzenen, gepökelten, geräucherten und alle anderen Sorten, bei denen die Schwarte lacht und kracht. Um satte, saftige, aromatische und inspirierend duftende Stücke, die schlichte Mahlzeiten in mundwässernde Schlemmereien verwandeln. Mal ist er so versteckt eingesetzt, als sei er gar nicht erst dabei gewesen, mal so großzügig portioniert, dass gewöhnliche Braten blass werden. Er ist eins der ehrlichsten Lebensmittel, weil er keine versteckten Fette enthält, sondern sein Fett offen und selbstbewusst zeigt. Und damit hat er ein wichtiges Argument auf seiner Seite: Fett ist unbestritten der beste aller Geschmacksträger und das reichliche Vorhandensein von Fett darf und muss folglich als die überlegene Stärke des Specks anerkannt werden. Denn wenn unter dem Einfluss von Hitze seine fettreichen Partien fließend dahinschmelzen und die mitgarende Umgebung befeuchten, bewirkt er als natürlicher Geschmacksverstärker eine Intensivierung der vorhandenen Aromen, wie man sie sich idealer nicht wünschen kann. So kann's nur der Speck.

Was Speck ist, darüber ließe sich streiten. Metzger diesseits und jenseits unserer Grenzen, Regionalisten und Traditionalisten, die Mundart und die Umgangssprache: Sie alle sind sich keinesfalls einig darin, wie per definitionem mit Speck umgegangen werden soll. Je nachdem, wo man hinkommt oder wen man anspricht, erhält man auf die Frage „Was verstehen Sie unter Speck?" unterschiedliche Antworten. Aber so ist es nun einmal. Speck ist, wie es an der Fleischtheke oft heißt, „wie gewachsen" – wie er eben historisch, regional oder sprachlich in unsere Kulturen eingewachsen ist. In gleicher Ungezwungenheit will sich auch dieses Buch keiner wissenschaftlichen Verpflichtung unterwerfen, obwohl viele Quellen befragt wurden: Das Deutsche Lebensmittelbuch wurde ebenso zurate gezogen, wie sprachliche, handwerkliche und landschaftliche Gepflogenheiten zur Geltung kommen. Beispielsweise spricht ein Österreicher gern von Speck, nimmt in Wirklichkeit aber Schinken in den Mund. Welche Teile des Schweins den Titel „Speck" tragen dürfen und welche nicht, ist ein Thema, das in die Kategorien „Auslegungssache" und „Gewohnheitsrecht" gehört. Überhaupt: Hat allein das Schwein die Urheberrechte am Speck? Muss man nicht auch Ente, Gans und Rind mit ihren gut gepolsterten Partien würdigen? Man muss, wenngleich man dann nicht zwingend am Begriff „Speck" festhalten darf, um nicht des Begriffsmissbrauchs bezichtigt zu werden. Speck ist einfach viel zu sinnlich, um kleinliche Einteilungen walten zu lassen. Wer sich also lustvoll auf das große Specktakel einlassen möchte, sollte alle Bedenkenträgerweisheiten beiseiteschieben und sich hemmungslos einer vergnüglichen Fettlebe hingeben. Im Übrigen hat niemand gesagt, dass es jeden Tag sein muss.

GROB UND FEIN GEWÜRFELT

Hier spielt Speck eine seiner besten Nebenrollen, ob in kleinen Mengen für das gewisse Aromatüpfelchen oder als Hauptzutat.

Flammkuchen

In der klassischen Zubereitung wie hier wird er aus Brotteig gebacken.

DINKELMEHL, ROGGENMEHL und **SALZ** in eine große Schüssel geben. Die **HEFE** und den **TROCKENSAUERTEIG** mit etwa 300 ml lauwarmem Wasser verrühren. Eine Mulde im Mehl formen und die Mischung hineingeben. Nun von innen nach außen das Mehl nach und nach mit der Flüssigkeit vermischen.

Das Ganze zu einem glatten und geschmeidigen Teig verkneten. Den Teig in vier oder sechs gleich große Stücke teilen, zu Kugeln formen und zugedeckt bei Zimmertemperatur etwa 50 Minuten gehen lassen. Das Teigvolumen sollte sich etwa verdoppeln. Die **ZWIEBELN** schälen und in Ringe schneiden. Die **SAURE SAHNE** mit **SALZ** und **PFEFFER** würzen, den **BAUCHSPECK** würfeln.

Die Teigstücke nochmals kurz durchkneten und auf der leicht **BEMEHLTEN** Arbeitsfläche sehr dünn ausrollen. Die saure Sahne darauf verstreichen. Mit Bauchspeck und Zwiebelringen belegen.

Den Backofen auf 220 °C Ober- und Unterhitze (200 °C Umluft) vorheizen. Zwei Backbleche mit Backpapier belegen und die Flammkuchen daraufsetzen. 15–20 Minuten auf der zweiten Schiene von oben im Ofen backen.

ZUBEREITUNGSZEIT:
20 Min., 50 Min. Gehzeit,
20 Min. Backzeit

FÜR 4–6 PORTIONEN

FÜR DEN TEIG
250 g Dinkelmehl (Type 630)
plus Mehl für die Arbeitsfläche
250 g Roggenmehl (Type 997)
1 kleine Prise Salz
1 Pck. Trockenhefe
1 gestr. EL Trockensauerteig

FÜR DEN BELAG
3 große Zwiebeln
250–300 g saure Sahne
Salz
frisch gemahlener schwarzer Pfeffer
250 g geräucherter Bauchspeck am Stück
Mehl für die Arbeitsfläche

TIPPS: Statt eines Brotteigs kann man auch eine fertige Brotmischung oder Pizzateig verwenden. Wer es etwas cremiger mag, nimmt statt der sauren Sahne Crème fraîche oder Schmand.

Quiche Lorraine

Die Quiche mit Speck schlechthin.

Für den Teig **MEHL, BUTTER, MILCH** und **SALZ** rasch zu einem glatten Teig verarbeiten und zugedeckt etwa 30 Minuten kalt stellen.
Für den Belag den **BAUCHSPECK** fein würfeln. Die **ZWIEBELN** schälen und ebenfalls würfeln. Das **FETT** in einer Pfanne erhitzen, Speck und Zwiebeln zusammen darin andünsten und abkühlen lassen.
Den Backofen auf 200 °C Ober- und Unterhitze (180 °C Umluft) vorheizen.
Den **KÄSE** reiben. **SAHNE, MILCH, EIER** und Käse verquirlen und mit der Speck-Zwiebel-Mischung vermengen. Teig auf der leicht **BEMEHLTEN** Arbeitsfläche etwas größer als die Quicheform ausrollen, sodass beim Hineinsetzen ein kleiner, hochstehender Rand entsteht. Den Belag darauf verteilen. Die Quiche etwa 30 Minuten im Ofen backen.

ZUBEREITUNGSZEIT:
20 Min., 30 Min. Ruhezeit,
30 Min. Backzeit

FÜR 1 QUICHE VON 28 CM DURCHMESSER

FÜR DEN TEIG
250 g Weizenmehl (Type 405 oder 550) plus Mehl für die Arbeitsfläche
125 g kalte Butter
5 EL Milch
¼ TL Salz

FÜR DEN BELAG
140 g geräucherter Bauchspeck am Stück
2 große Zwiebeln
Fett zum Braten
125 g Emmentaler oder Gruyère
175 g Sahne
200 ml Milch
3 Eier

Flammkuchen – das Backthermometer zum Aufessen

Nur in Zeiten, als das tägliche Brot noch in ziegelgemauerten Öfen zwischen glutvollen Holzscheiten gebacken wurde und noch nicht von den hochtechnisierten Backstraßen ferner Großbäckereien kam, konnte ein so hinreißender Leckerbissen wie der Flammkuchen entstehen. Er heißt so, weil er aus den Flammen alter Backöfen kommt. Es ist aber auch nicht auszuschließen, dass er so genannt wird, weil man schon nach dem ersten Bissen in tiefer Leidenschaft für ihn entflammen kann. Heute hätte er vermutlich kaum noch eine Chance, als regional verwurzelter Traditionalist die höchsten Weihen rustikaler Hochgenüsse zu erringen.

Und so ist er entstanden: Damals hatten die Frauen des Elsass an jedem Backtag der Woche aufs Neue ein kleines Problem: Hinter ihnen warteten schon die aufgegangenen Teige für die zu backenden Brote, vor ihnen stand der große Ofen, in dem bereits das Holz brannte und dabei war, den Innenraum ordentlich aufzuheizen. Wann aber wäre die Temperatur gerade richtig, damit die Teiglinge hineingeschoben werden konnten? Hinter der Ofenklappe konnte es noch zu kühl, schon zu heiß oder eben gerade richtig sein. Und zum Brotbacken durften die Scheite auch nur noch glühen, auf keinen Fall mehr von Flammen umflackert werden. Ein Himmelreich für ein Hitzemessgerät, wird sich manche der Frauen gedacht haben – aber etwas für jedermann Verfügbares wie die heutigen Ofenthermometer gab es damals nicht.

Also ließen sich die wackeren Elsässerinnen etwas einfallen. Sie nahmen einen Rest Brotteig, walzten ihn sehr flach aus – das dabei zufällig entstandene Pizzaformat sollte dem Flammkuchen später noch zu schaffen machen – und schoben ihn als Testobjekt in die Hitze. Klappe zu! Kam der Teigfladen nach einer bestimmten Zeit – manche sprechen von drei, andere von zwölf bis 15 Minuten – knusprig und gleichmäßig durchgebacken wieder zum Vorschein, war das das Zeichen, dass nun die Brotlaibe in den Ofen konnten. So weit, so gut. Nur das frisch gebackene Probestück, das zum Wegwerfen zu schade war und sich als gefälliger kleiner Imbiss anbot, krachte reichlich trocken und hart zwischen den Zähnen. Und deshalb kamen die Frauen auf die Idee, es vor dem Backen so zu präparieren, dass es nachher etwas feuchter war. Sie wussten schon, was da zu nehmen war. So wurde der Fladen mit saurer Sahne bestrichen und mit Räucherspeck und Zwiebeln belegt. Voilà, der Flammkuchen – das Gebäck aus den letzten Flammen der fast schon glimmenden Holzscheite – war geboren. So trug es sich vor gut 100 Jahren zu, jedenfalls wurde das Rezept zu der Zeit zum ersten Mal aufgeschrieben. Aber wer weiß, vielleicht gab es den Vater aller Flammkuchen schon erheblich länger, nur wusste kaum jemand davon, weil die Frauen die Geschichte von ihrem wonnigen Imbiss erst einmal für sich behielten.

Er schmeckte jedenfalls so fantastisch, dass auch in den Nachbarregionen Pfalz, Baden und anderswo der Brotbacktag zum Flammkuchentag avancierte. Aus dem elsässischen Flammekueche wurden beispielsweise in Frankreich die Tarte flambée und im Alemannischen die Flammwaie. Klar, überall wurden eigene Rezepte ausprobiert und man belegte das Teigstück mit allem, was sich anbot. Die einen mochten es herzhaft beispielsweise mit Kartoffelpüree und Grieben, die anderen liebten es süß und nahmen Birnen und Zimt. So entstand eine Vielzahl von regionalen Varianten, die alle für sich in Anspruch nehmen können, ein Original zu sein – das eine Flammkuchenrezept schlechthin gibt es deshalb nicht. Aber Brotteig, ein säuerlicher Aufstrich und ein paar weitere deftige Zutaten wie Zwiebeln und Speck dürften der Urzubereitung schon sehr nahekommen.

Vielleicht würde man im Restaurant den Flammkuchen heute noch aus kräftigem Brotteig vorgesetzt bekommen, hätte nicht irgendwann die Pizza die Welt erobert. Gegen die augenscheinliche Verwandtschaft (mutmaßlich) italienischen Ursprungs selbst ist dabei gar nichts zu sagen. Aber plötzlich war für den Flammkuchen der kernige Brotteig nicht mehr gut genug, machte zu viel Arbeit oder war einfach nicht mehr überall vorhanden – mit feinem Hefeteig wie für die Pizza ließ sich die elsässische Spezialität doch auch zubereiten. Und so macht man es heute fast ausschließlich. Tatsächlich schmeckt ein heller, knusprig gebackener Weizenhefeteig mit saurer Sahne, Speck und Zwiebeln obenauf einfach gut – es ist aber eine Pizza à la Elsass und kein Flammkuchen.

Für den sollte es dann schon ein richtiger Brotteig sein, am besten wie für ein Weizenmischbrot mit höherem Weizen- als Roggenmehlanteil. Gegen eine Fertigmischung, die man überall bekommt, ist gar nichts einzuwenden. Wer aber den Brotteig gern selbst zubereiten möchte, sollte – wennschon, dennschon – einen Sauerteig verarbeiten. Denn auch die Damen im Elsass werden es nicht anders gemacht haben, weil es die feine Backhefe zu damaliger Zeit noch nicht an jeder Ecke gab. Und dann unbedingt den besten durchwachsenen Speck nehmen, den man beim Metzger frisch aus der Räucherkammer bekommen kann!

Speck-Salbei-Pizza

Speck und Salbei – wirkt überraschend, ist aber ein kulinarisches Traumpaar.

HEFE und **ZUCKER** in 125 ml lauwarmem Wasser unter Rühren auflösen. Das **MEHL** in eine große Schüssel geben. Eine Mulde in dem Mehl formen und die Mischung hineingeben. Mit etwas Mehl vom Rand verrühren. Den Vorteig zugedeckt bei Zimmertemperatur 20–30 Minuten gehen lassen.

Dann **SALZ** und **OLIVENÖL** zugeben und alles miteinander vermischen. Mit **BEMEHLTEN** Händen etwa 5 Minuten durchkneten, bis der Teig glatt und geschmeidig ist. Je nach Konsistenz entweder noch etwas Wasser oder Mehl hinzufügen, wenn nötig.

Den Teig zu einer Kugel formen und nochmals zugedeckt 45–55 Minuten gehen lassen, bis er sein Volumen verdoppelt hat. Dann noch einmal kurz durchkneten.

Den Backofen auf 220 °C Ober- und Unterhitze (200 °C Umluft) vorheizen. Den Teig auf der mit **MEHL** bestäubten Arbeitsfläche rund ausrollen und mit bemehlten Händen immer weiter auseinanderziehen, bis ein großer, dünner Pizzateigfladen entsteht.

Den Fladen auf ein mit Backpapier ausgelegtes Backblech legen.

Den Teig mit den **PASSIERTEN TOMATEN** bestreichen. **PROVOLONE** fein reiben und die Pizza damit bestreuen. Im Backofen auf der zweiten Schiene von oben etwa 15 Minuten backen, bis der Käse zerlaufen ist und Blasen wirft.

In der Zwischenzeit den **SPECK** würfeln und in einer Pfanne ohne Fett knusprig auslassen. Die **SALBEIBLÄTTER** von den Stielen zupfen, grob hacken und zum Speck geben. Die Speck-Salbei-Mischung auf der fertig gebackenen Pizza verteilen und mit **PFEFFER** übermahlen.

ZUBEREITUNGSZEIT:
35 Min., 1 Std. Gehzeit,
30 Min. Backzeit

FÜR 1 BACKBLECH

FÜR DEN TEIG
½ Würfel Hefe (21 g)
1 TL Zucker
500 g Weizenmehl (Type 550)
plus Mehl für die Arbeitsfläche
1 TL Salz
2 EL Olivenöl

FÜR DEN BELAG
200 g passierte Tomaten
150 g Provolone
300 g geräucherter
Bauchspeck am Stück
1 Bund Salbei
grob gemahlener schwarzer
Pfeffer

Speckbrot

Schon pur oder nur mit Butter ein deftiger Genuss.

Den **BAUCHSPECK** mit einem scharfen Messer sehr fein würfeln. Die **ZWIEBEL** schälen und in feine Ringe schneiden.
Den Speck in einer beschichteten Pfanne knusprig braten, dann die Zwiebel hinzugeben und bei mittlerer Hitze braten, bis sie leicht gebräunt ist. Beides aus der Pfanne nehmen und auf Küchenpapier abtropfen und abkühlen lassen. **WEIZEN-** und **DINKELMEHL** mit dem **SALZ** in einer großen Schüssel vermischen. Die **HEFE** mit dem **HONIG** und 300 ml lauwarmem Wasser verrühren. Eine Mulde in dem Mehl formen und die Mischung hineingeben. Nun von innen nach außen nach und nach das Mehl mit der Flüssigkeit vermischen.
Den Teig auf der leicht **BEMEHLTEN** Arbeitsfläche glatt und geschmeidig kneten. Die Speck-Zwiebel-Mischung einkneten und den Teig zu einer Kugel formen. In einer Schüssel zugedeckt bei Zimmertemperatur etwa 1 Stunde gehen lassen, bis er sein Volumen verdoppelt hat.
Teig halbieren und zu zwei Rollen formen. Die Oberfläche leicht mit **MEHL** bestäuben. Mit einem scharfen Messer mehrmals schräg einschneiden. Die Teigrollen auf ein mit Backpapier belegtes Backblech legen und zugedeckt etwa 30 Minuten gehen lassen.
Den Backofen auf 230 °C Ober- und Unterhitze (210 °C Umluft) vorheizen. Die Brote auf der mittleren Schiene etwa 10 Minuten backen, dann die Temperatur auf 180 °C Ober- und Unterhitze (160 °C Umluft) zurückstellen und weitere 35–40 Minuten backen. Die Brote aus dem Ofen nehmen und auf einem Backrost abkühlen lassen.

ZUBEREITUNGSZEIT:
35 Min., 1 Std. 30 Min. Gehzeit, 40 Min. Backzeit

FÜR 2 BROTE À CA. 300 G

150 g Bauchspeck (geräuchert oder ungeräuchert) am Stück
1 kleine Zwiebel
300 g Weizenmehl (Type 1050)
150 g Weizenmehl (Type 550)
plus Mehl für die Arbeitsfläche und zum Bestäuben
50 g Dinkelmehl (Type 630)
1 TL Salz
2 TL Trockenhefe
1 TL flüssiger Honig

Südtiroler Speckknödel

Reichlich Petersilie sorgt zusammen mit Speck für viel Aroma.

Die **ZWIEBEL** schälen und fein hacken, den **SÜDTIROLER SPECK** in feine, 2–3 mm große Würfel und die **BRÖTCHEN** in 0,5 cm große Würfel schneiden. Die **BUTTER** in einer Pfanne zerlassen, Zwiebel- und Speckwürfel bei mittlerer Hitze darin anbraten. Herausnehmen und mit den Brötchenwürfeln vermischen.

Die **EIER** mit der **MILCH** verrühren, dann **PETERSILIE** und **SCHNITTLAUCH** unterrühren. Leicht **SALZEN** und **PFEFFERN.** Dabei nicht zu viel Salz verwenden, da der Speck recht salzig ist.

Alles gut vermischen und etwa 15 Minuten ruhen lassen. Bei Bedarf ein wenig **MEHL** unterrühren, damit die Masse gut formbar wird.

Mit der Hand vorsichtig acht etwa pflaumengroße Knödel formen. Wenn die Masse noch immer zu weich ist, etwas **SEMMELBRÖSEL** zugeben.

SALZWASSER in einem großen Topf zum Kochen bringen, die Hitze reduzieren und die Knödel etwa 15 Minuten sieden lassen. Herausnehmen und abtropfen lassen.

Die Speckknödel mit Sauerkraut oder in einer klaren Bouillon servieren und nach Wunsch mit Schnittlauchröllchen bestreuen.

ZUBEREITUNGSZEIT:
40 Min., 15 Min. Ruhezeit

FÜR 8 KNÖDEL

½ Zwiebel
150 g gut durchwachsener Südtiroler Speck am Stück
250 g altbackene Brötchen
1 EL Butter
2 Eier
250 ml Milch
2 EL gehackte Petersilie
1 EL Schnittlauchröllchen
Salz
frisch gemahlener schwarzer Pfeffer
evtl. 20–30 g Weizenmehl
evtl. etwas Semmelbrösel

Speckherkunft

Selbst wenn Schweine schon länger auf Magerkeit gezüchtet werden, besitzen die Tiere noch immer fettreiche Teile – Speck stammt per definitionem nach den Leitsätzen des Deutschen Lebensmittelbuchs stets vom Schwein, und zwar vom Rücken und vom oberhalb des Nackens befindlichen Kamm, vom Bauch und von den Wangen. Ausnahmen, wie der vom Rind stammende Rib-Eye-Speck, ein Speckexperiment aus dem österreichischen Mühlviertel, bestätigen diese Regel.

[RÜCKENSPECK] Am Rücken des Schweins sitzt der fetteste Speck, meist unter dem Begriff „fetter Speck" bekannt, manchmal aber auch als Kernspeck bezeichnet. Vom Kopf bis zur Keule befindet sich dieser reine, nicht von Muskelfleisch durchwachsene Speck direkt unter der Haut des Schweins über dem Muskelfleisch. Bei heutigen Züchtungen legt man wieder etwas mehr Wert auf einen höheren Fettanteil im Fleisch und damit auch auf ein größeres Rückenspeckstück. Denn auch dem Verbraucher ist mittlerweile nicht entgangen, dass mehr Fett auch mehr Geschmack bedeutet. Dennoch: Wer richtig fetten Rückenspeck von deutlich mehr als 2 Zentimetern Dicke sucht, sollte nach alten Rassen Ausschau halten, die meist fetter sind. Reiner Rückenspeck wird zum Spicken und Bardieren, zum Auslegen von Terrinen sowie bei der Wurstherstellung benötigt. Weiterverarbeitet wird er meist nur mit Salz und Gewürzen, Räuchern ist dagegen eher die Ausnahme. Aus ihm wird Schmalz ausgelassen.

Auf dem Foto Seite 23: links Lardo, siehe auch Seite 122; in der Mitte grüner Speck, siehe auch Seite 56.

[BAUCHSPECK] wird manchmal auch als Brustspeck bezeichnet. Mehr oder weniger stark von Muskelfleisch durchwachsen, ist Bauchspeck deutlich magerer als Rückenspeck. Er stammt aus dem unteren Teil des Schweinebauchs und kommt auch als Bauchfleisch, Wammerl oder durchwachsener Speck in die Fleischertheke. Das nahezu rechteckige Bauchfleisch ist mit bis zu 30 Prozent Fettanteil nach dem Rückenspeck das fetteste Teilstück des ganzen Schweins. Die mageren Teile des Bauches werden auch als Rippenspeck angeboten.

Bauchspeck ist durch seinen Fleischanteil von kräftigem Aroma. Roh oder gepökelt und gerne auch noch zusätzlich geräuchert kommt er in den Handel und findet seine Verwendung gewürfelt oder in mehr oder weniger dicke Scheiben geschnitten als Zutat vieler deftiger Gerichte wie Ragouts und Eintöpfe.

Auf dem Foto Seite 23: zweiter von rechts.

Specklexikon

[KAMMSPECK] In den Handel für den Endverbraucher gelangt diese Specksorte eher selten. Es handelt sich dabei um das Nackenfett des Schweins. Dieses schmale Fettteilstück wird wie roher Rückenspeck fast nur als Verarbeitungsmaterial in der Wurstherstellung eingesetzt sowie zum Spicken und Bardieren.

[BACKENSPECK] Bei ihm handelt es sich um die direkt unter der Schwarte liegenden fetten Teile der Backen, also vom Kopf des Schweins. Dieser Speck darf auch Speicheldrüsen enthalten. Im österreichisch-bayerischen Sprachraum wird er auch als Göderlspeck bezeichnet, manchmal als Kinnspeck.

Der sehr aromatische Speck besitzt vor allem in der toskanischen Küche eine lange Tradition, die zurzeit wiederentdeckt wird. Unter dem Namen „Guanciale" wird er ähnlich wie Pancetta (siehe auch Seite 123) produziert. Er wird gern zum Würzen verwendet.

[FLOMEN] ist das beim Schwein zwischen Bauchfell und innerer Bauchmuskulatur liegende Gewebefett. Es wird meist zu Schmalz oder in manchen Wurstarten verarbeitet. Flomen wird zwar nicht als Speck bezeichnet, ersetzt ihn aber in manchen Anwendungen.

Auf dem Foto Seite 23: zweiter von links, gewürfelt.

[SCHINKENSPECK] Er stammt aus der Keule des Schweins und besitzt nur wenig Fettanteil. Wegen seiner Herkunft aus diesem Körperteil zählt er streng genommen zum Schinken und ist nicht etwa, wie sein Name vermuten lassen könnte, ein Zwischending (siehe auch Südtiroler Speck auf Seite 93).

[BLUBBER] ist die mehrere Zentimeter dicke Fettschicht unter der Haut von Meeressäugern wie Walen und Robben. Dieser Speck spielt in der heutigen Ernährung selbst in Grönland, wo er lange Zeit zum Überleben der dortigen Bewohner beitrug, eine untergeordnete Rolle. Allenfalls noch sehr traditionell lebende Inuit ernähren sich von dieser energiespendenden Fettpartie. In Japan wird Walspeck als Delikatesse gehandelt, was sowohl wegen des Walfangverbots als auch der extremen Anreicherung von Umweltgiften im Walfett sehr problematisch ist.

Specklexikon

[SCHMALZ] ist reines Fett von Schweinen, Gänsen oder Enten. Fetter Speck vom Schwein oder das Unterhaut-Fettgewebe der Gänse und Enten wird bei mäßiger Temperatur geschmolzen, um dann zu einem reinen, weißen Schmalz wieder zu erkalten. Aus ausgelassenem Schweineflomen entsteht ein besonders feines Schmalz. Gänseschmalz ist dunkler und hat einen niedrigeren Schmelzpunkt als Schweineschmalz. Um dessen Schmelzeigenschaften zu verbessern, mischt man Gans gerne mit Schwein.

Auch aus beim Braten ausgetretenem Fett von Schweinen, Gänsen oder Enten wird beim Erkalten festes Schmalz.

Sind noch Reste des ausgebratenen Specks im Schmalz enthalten, die sogenannten Grieben oder auf Österreichisch Grammeln, erhält man Griebenschmalz.

[TALG] Von Wiederkäuern, meist vom Rind, stammendes Schlachtfett, das einen höheren Schmelzpunkt als Schmalz besitzt. Es braucht also höhere Temperaturen, bis es flüssig wird. Seltener kommen Hammel- oder Hirschtalg vor. Zwar ist Talg in diesem Sinne kein Folgeprodukt von Speck, wird aber hier auch deshalb berücksichtigt, weil es ähnlich wie Schmalz eingesetzt wird. Um es zu gewinnen, werden Schlachtteile der Tiere ausgelassen, besonders das Nierenfett von Rindern. Es entsteht ein festes, leicht graues bis gelbes Fett, das heute nur noch selten in der Küche Verwendung findet. In der industriellen Lebensmittelproduktion hat es noch eine gewisse Bedeutung wie auch traditionell beim Frittieren von Pommes frites nach belgischer Art (siehe auch Seite 124).

Auf dem Foto Seite 23: ganz rechts.

[1] Schinkenspeck
[2] Rückenspeck
[3] Kammspeck
[4] Bauchspeck
[5] Backenspeck

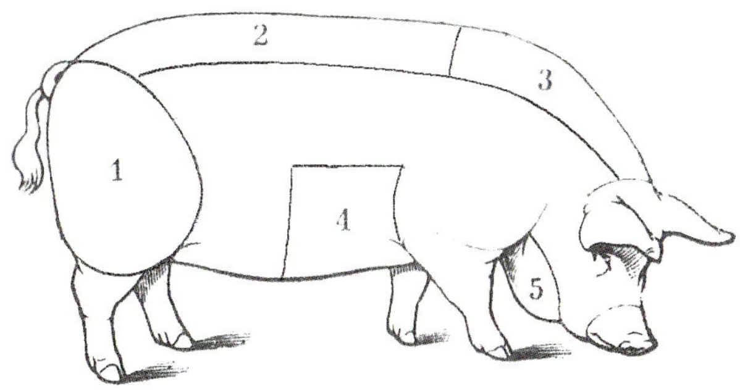

Dresdner Speckstippe

Erst der Majoran bringt die typische Geschmacksnote in die deftige Sauce.

Den **BAUCHSPECK** in kleine Würfel schneiden. Die **ZWIEBEL** schälen und fein würfeln. Wenig **FETT** in einer Pfanne erhitzen und den Speck darin bei mittlerer Temperatur auslassen. Dann die Zwiebelwürfel einrühren und garen, bis sie glasig sind. Das **MEHL** darüberstäuben, dabei gut verrühren. Unter Rühren langsam 500 ml warmes Wasser zugeben und aufkochen lassen. Immer weiterrühren, bis die Sauce sämig geworden ist. Die Sauce nun mit **SALZ, PFEFFER, ESSIG** und etwas **ZUCKER** herzhaft würzen. Kurz vor dem Servieren den getrockneten **MAJORAN** einrühren. Die Speckstippe schmeckt ausgezeichnet zu Pellkartoffeln mit frischen **MAJORANBLÄTTCHEN,** Bratkartoffeln mit Matjes und grünen Bohnen sowie zu Bratfisch.

ZUBEREITUNGSZEIT:
20 Min.

FÜR 4 PORTIONEN

125 g geräucherter Bauchspeck am Stück
1 große Zwiebel
Fett zum Braten
2 EL Weizenmehl
Salz
frisch gemahlener schwarzer Pfeffer
1 Spritzer Essig nach Geschmack
1 gute Prise Zucker
½ TL getrockneter Majoran
1 TL frische Majoranblättchen

Bœuf bourgignon

Der Speck wird kurz blanchiert, um den Salzgehalt etwas abzuschwächen.

ZUBEREITUNGSZEIT:
45 Min., 48 Std. Ruhezeit,
3 Std. 30 Min. Kochzeit

FÜR 4 PORTIONEN

FÜR DIE MARINADE
10 Lauchstangen
2 Möhren
2 große Zwiebeln
1 Selleriestange
3 Knoblauchzehen
1 Bouquet garni (z. B. je 1 Stängel Petersilie, Thymian, Majoran und 1 getrocknetes Lorbeerblatt)
1 l kräftiger, trockener Rotwein
Salz
frisch gemahlener Pfeffer

FÜR DAS FLEISCH
800–1000 g falsches Filet vom Rind
50 g Schweineschmalz
1 EL Mehl
175 g gepökelter ungeräucherter Bauchspeck am Stück
400 g kleine Champignons
20 Frühlingszwiebeln
2–3 Stängel Petersilie
1 TL Tresterbrand, z. B. Marc de Bourgogne
Salz
frisch gemahlener Pfeffer

Für die Marinade **LAUCH** und **MÖHREN** putzen, Möhren schälen. Lauch in Ringe, Möhren in Scheiben schneiden. **ZWIEBELN** schälen und grob hacken, die **SELLERIESTANGE** würfeln. Alles in eine große Schüssel geben, die **KNOBLAUCHZEHEN** schälen und hineinpressen. Das **BOUQUET GARNI** hinzufügen und mit **WEIN** auffüllen. Dann **SALZEN** und **PFEFFERN.** Das **FLEISCH** in 2,5–3 cm große Würfel schneiden und so in die Marinade geben, dass es vollständig bedeckt ist. 48 Stunden gekühlt ruhen lassen, zwischendurch ein- bis zweimal durchrühren.

Das Fleisch aus der Marinade nehmen und abtropfen lassen. Die Marinade durch ein Sieb in einen Topf gießen und die festen Marinadenzutaten abtropfen lassen. Marinade erhitzen. Das **SCHMALZ** in einem Schmortopf erhitzen und die Fleischwürfel darin scharf anbraten. Feste Marinadenzutaten nun zum Fleisch geben. Alles mit **MEHL** bestäuben und unter Rühren kräftig anbräunen. Die heiße Marinade angießen und eventuell noch etwas heißes Wasser hinzufügen, bis das Fleisch vollständig bedeckt ist.

Das **SPECKSTÜCK** 30 Sekunden in kochendes Wasser legen, herausnehmen, kurz abkühlen lassen und würfeln. Die **CHAMPIGNONS** putzen und zusammen mit dem Speck zum Fleisch geben. Bei aufgelegtem Deckel 3 ½ Stunden sanft köcheln lassen.

In der Zwischenzeit die **FRÜHLINGSZWIEBELN** putzen, schräg in Streifen schneiden und ein paar Sekunden im Speckwasser abkochen, dann gut abtropfen lassen. **PETERSILIENBLÄTTER** von den Stielen zupfen und fein hacken. 15 Minuten vor Ende der Garzeit das Bouquet garni aus dem Topf nehmen und die Frühlingszwiebeln hinzufügen. Kurz vor dem Servieren den **TRESTERBRAND** einrühren und die Sauce mit **SALZ** und **PFEFFER** abschmecken. Zuletzt die Petersilie daraufstreuen.

Dazu passen Petersilienkartoffeln oder Klöße sowie je nach Jahreszeit ein knackiger grüner Salat oder Rotkohl.

Der Snack, bei dem die Schwarte kracht

Dänemarkurlauber schwärmen gern von einem Produkt, das bei uns nicht frisch in der Metzgerei, sondern nur gelegentlich im Supermarkt als abgepackte Tütenware zu finden ist: Schweinekrusten, auch Schwartenchips genannt. Gemeint sind keinesfalls jene Kartoffelprodukte, die sich „Bacon Chips“ nennen, wie hell-dunkel gestreifte Speckstücke gestaltet sind und dank zugesetzter Aromen auch so ähnlich schmecken. Es geht vielmehr um echte, in Streifen geschnittene Schweineschwarten, die geröstet werden, sich dabei ein bisschen wie Schweineschwänzchen ringeln und zunächst ganz harmlos aussehen. Doch beim Hineinbeißen charmieren sie mit einer so unvergleichlichen Krossheit und besitzen ein so herzhaft zart-schweinernes Aroma, dass man augenblicklich hingerissen ist und wie infiziert immer wieder zugreifen muss. Also Vorsicht, denn Speck bleibt Speck! Wer aber glaubt, dieser Versuchung einigermaßen widerstehen zu können, sollte den Versuch machen, die Krustenchips selbst herzustellen. Gäste werden überrascht sein.

Es gibt zwei Techniken. Die Zubereitungsmethode eins: Von der eigentlichen Schwarte, dem harten Teil also, sorgfältig alles Fett entfernen. Mit einem sehr scharfen Messer (Tipp: Ein sauberes Teppichmesser ist ideal.) in 1,5 bis 2 Zentimeter breite und 3 bis 4 Zentimeter lange Streifen schneiden. Für 3 Stunden in ungesalzenes Wasser legen. Wieder herausnehmen, gut abtupfen und mit etwas Abstand auf einen Backrost legen. Den Backofen auf 180 °C Umluft vorheizen und das Gitter über der Fettpfanne in den Ofen schieben. Nun blähen sich die Schwarten auf wie Hefeteig und legen dabei das Dreifache an Volumen zu. Gleichzeitig werden sie herrlich knusprig. Nach einer Dreiviertelstunde eine Kostprobe nehmen und die Krusten eventuell noch einige Minuten weiterrösten.

Zubereitungsmethode zwei geht etwas schneller: Das Fett von der Schwarte abtrennen, ein minimaler Rest darf bleiben. Die Schwarte wie gehabt in Streifen schneiden. Nun einen Topf mit so viel ungesalzenem Wasser zum Kochen bringen, dass die Stücke locker darin schwimmen können, und alles hineingeben. Nach 20 Minuten Kochzeit herausnehmen, abtropfen lassen und gut trocken tupfen. Den Backofen auf 220 °C Ober- und Unterhitze vorheizen. Die Streifen nebeneinander auf ein mit Backpapier ausgelegtes Blech verteilen und eine Dreiviertelstunde backen. Eine Kostprobe machen und eventuell noch etwas länger backen.

Der Clou ist die Würzung ganz am Schluss. Dafür gibt es kein festes Rezept, man nimmt, was man hat und mag. Zum Beispiel zerstößt man etwas grobes Salz mit getrockneten Kräutern wie Rosmarin und/oder Thymian im Mörser, fügt etwas Knoblauch- und Zwiebelgranulat zu und schmeckt mit Paprika- oder Currypulver ab. Auch Cayennepfeffer sowie fettfrei angeröstete und zerstoßene Fenchelsamen passen sehr gut. Einmal die Krusten in der Mischung wenden, fertig! Man kann zusätzlich 100 g Rohrohrzucker mit 50 ml Wasser im Topf karamellisieren und über die gewürzten oder nur gesalzenen Schwarten träufeln. Einfach göttlich!

Speck-Bratäpfel

Mit Speck gefüllt und umhüllt eine sehr innige Liaison.

Den Backofen auf 200 °C Ober- und Unterhitze (180 °C Umluft) vorheizen. **SPECK** fein würfeln, die **ZWIEBELN** schälen und ebenfalls fein würfeln. Von den **ÄPFELN** jeweils an der Stielseite einen Deckel abschneiden. Mit einem Apfelausstecher das Kerngehäuse entfernen, dabei die Äpfel nicht ganz durchstechen, damit die Füllung nicht unten herausfallen kann. Die Öffnung jeweils etwas vergrößern, innen mit **ZITRONENSAFT** beträufeln. Die Speckwürfel in einer Pfanne auslassen und ½ EL **BUTTER** hinzufügen. Die Zwiebelwürfel in die Pfanne geben. Unter Rühren dünsten, bis die Zwiebeln leicht glasig sind. Mit **PFEFFER** würzen und die Masse in die Äpfel füllen. Den Apfeldeckel aufsetzen und jeden Apfel mit einer **SPECK-SCHEIBE** umwickeln, mit einem Zahnstocher fixieren. Eine Auflaufform mit 2 EL **BUTTER** einfetten und die Äpfel hineinsetzen. Mit der übrigen **BUTTER** bepinseln und dann im vorgeheizten Backofen etwa 25 Minuten backen. Herausnehmen und auf Tellern angerichtet servieren.

ZUBEREITUNGSZEIT:
25 Min., 25 Min. Backzeit

FÜR 4 ÄPFEL

100 g geräucherter Bauchspeck am Stück
200 g Zwiebeln
4 leicht säuerliche Äpfel
2 EL Zitronensaft
4 EL Butter
frisch gemahlener schwarzer Pfeffer
4 Scheiben Bacon oder Frühstücksspeck

TIPP: Die herzhaften Bratäpfel sind eine schöne Vorspeise, die zum Beispiel mit Feigensenf serviert werden kann.

IN ZARTEN STREIFEN

Hier animiert Speck zu lustvollem Reinbeißen. Hauchdünn geschnitten, wird er beim Braten oder im Ofen herrlich knusprig.

Speckcarpaccio mit Steinpilzen

Je dünner die Speckscheiben, desto voller der Geschmack.

Den harten Rand vom **SPECK** schneiden. Den Speck in Streifen schneiden und auf einem oder mehreren Tellern anrichten.
Die **STEINPILZE** putzen, in dünne Scheiben schneiden und gleichmäßig auf dem Speck verteilen. Die **RADIESCHEN** putzen und dann ebenfalls in Scheiben schneiden. Die **FRÜHLINGSZWIEBELN** putzen und in Röllchen schneiden. Den **FELDSALAT** putzen. Frühlingszwiebeln, Radieschen und Feldsalat auf dem Speck verteilen.
Den **ZITRONENSAFT, PFEFFER, SALZ** und das **OLIVENÖL** zu einem Dressing verquirlen.
Die Rinde vom **TOASTBROT** entfernen und das Brot würfeln. Die **BUTTER** in einer kleinen Pfanne zerlassen. Die Brotwürfel darin von allen Seiten knusprig rösten. Den **KÄSE** grob raspeln.
Das Carpaccio mit dem Salatdressing beträufeln und abschließend mit Käse und Croûtons bestreuen.

ZUBEREITUNGSZEIT:
20 Min.

FÜR 4 PORTIONEN

200 g Südtiroler Speck in hauchdünnen Scheiben
80 g Steinpilze
2 Radieschen
10 g Frühlingszwiebeln
60 g Feldsalat
1 EL Zitronensaft
frisch gemahlener weißer Pfeffer
Salz
4 EL Olivenöl
1 Scheibe Toastbrot
etwas Butter zum Braten
50 g Grana Padano

TIPP: **Wenn Sie keine frischen Steinpilze bekommen, können Sie auch in Olivenöl eingelegte verwenden. Dann rühren Sie das Dressing mit etwas weniger Olivenöl an.**

Bruschetta mit Speck und Vacherin

Die italienische Spezialität zeigt auf alpenländische Art ihre besonders deftige Seite.

Den Backofen auf 220 °C Ober- und Unterhitze (200 °C Umluft) vorheizen. Vom **BAGUETTE** zwölf etwa 2 cm dicke Scheiben abschneiden. Auf einem Blech mit den **MANDELN** im Ofen etwa 5 Minuten goldbraun rösten.
Den **VACHERIN** in Scheiben und den **SPECK** in Streifen schneiden. Das Baguette und die Mandeln aus dem Ofen nehmen, die **KNOBLAUCHZEHE** schälen, halbieren und die Baguettescheiben damit einreiben. Die Ofentemperatur auf 200 °C Ober- und Unterhitze (180 °C Umluft) herunterschalten. Die Mandeln grob hacken.
Das Baguette mit dem Vacherin belegen und im Ofen kurz überbacken, sodass der Vacherin leicht zerläuft. Die **THYMIANBLÄTTCHEN** von den Zweigen streifen. Das Baguette herausnehmen, je einige Speckstreifen auf jede Baguettescheibe legen, mit Mandeln, Thymianblättchen und **PFEFFER** bestreuen.

ZUBEREITUNGSZEIT:
20 Min.

FÜR 4 PORTIONEN

1 Baguette
50 g Mandeln
250 g Vacherin
6 Scheiben Südtiroler Speck
1 Knoblauchzehe
2 Thymianzweige
frisch gemahlener schwarzer Pfeffer

Feldsalat mit Speck, Orangen und Walnüssen

Süß, sauer und deftig – ein gelungenes Stelldichein vieler Aromen.

Die **ORANGEN** heiß abwaschen, abtrocknen und die Schalen in Zesten abziehen. Das Fruchtfleisch filetieren und dabei den Saft auffangen. Auch den Saft aus den übrig gebliebenen Trennhäuten ausdrücken.
Den **BACON** oder **FRÜHSTÜCKSSPECK** in einer Pfanne ohne Fett bei mittlerer Hitze knusprig braten. Herausnehmen und auf Küchenpapier abtropfen lassen.
Für die Vinaigrette das in der Pfanne befindliche Fett vom Speck mit dem **BALSAMICOESSIG** ablöschen. Orangensaft, **WALNUSSÖL** und **HONIG** zugeben und etwas einkochen lassen. Mit **SALZ** und **PFEFFER** würzen.
FELDSALAT putzen. Mit Orangenfilets und -zesten auf Tellern anrichten. Den Bacon darauflegen und die **WALNÜSSE** darüberstreuen. Mit der noch warmen Vinaigrette beträufeln.

ZUBEREITUNGSZEIT:
20 Min.

FÜR 4 PORTIONEN

2 Bioorangen
5–6 dünne Scheiben Bacon oder Frühstücksspeck (ca. 50 g)
3 EL Balsamicoessig
4 EL Walnussöl
1 EL flüssiger Honig
Salz
frisch gemahlener schwarzer Pfeffer
300 g Feldsalat
50 g Walnusskerne

Speckpfannkuchen

Ein Klassiker aus den Niederlanden – gerne mit reichlich „Stroop", einem dicken Sirup, serviert.

Das **MEHL** mit dem **SALZ** mischen. **EIER, MILCH** und **MINERALWASSER** nach und nach unterrühren.
Den Backofen auf 70 °C Ober- und Unterhitze (50 °C Umluft) vorheizen.
Einen Teil des **ÖLS** in einer Pfanne erhitzen. 2 Scheiben **BACON** oder **FRÜHSTÜCKSSPECK** hineinlegen und kurz braten, dann eine Schöpfkelle voll Teig darübergießen. Den Pfannkuchen 1–2 Minuten backen, in der Pfanne wenden und wieder 1–2 Minuten backen. Auf diese Weise etwa zwölf Pfannkuchen backen. Die gebackenen Pfannkuchen auf Küchenpapier entfetten und im Backofen warm stellen.

ZUBEREITUNGSZEIT:
1 Std. 20 Min.

FÜR 12 PFANNKUCHEN

400 g Weizenmehl (Type 550)
1 Prise Salz
4 Eier
500 ml Milch
250 ml kohlensäurehaltiges Mineralwasser
Öl zum Braten
24 dünne Scheiben Bacon oder Frühstücksspeck (etwa 200 g)

TIPPS: Für dieses einfache Rezept gibt es viele Abwandlungen und Serviermöglichkeiten. Ein paar Birnenspalten und Zwiebelstreifen kurz mit den Speckstreifen mitzubraten, bevor der Teig darüberkommt, oder eine in Ringe geschnittene Lauchstange machen sich gut. Dazu passen Salat, aber auch süße Beilagen wie Obst. Einfacher ist es, den Teig auf dem Backblech zu backen, dafür benötigt man aber die doppelte Teigmenge, sonst wird der Pfannkuchen zu flach. Der Speck wird in Streifen oder Würfeln auf das dünn mit Öl bepinselte Blech gestreut, der Teig darüber verteilt und das Ganze etwa 30 Minuten bei 220 °C Ober- und Unterhitze (200 °C Umluft) gebacken.

Club-Sandwich

Der Bacon macht diesen Klassiker mit jedem Bissen zum Kracher.

Die **HÄHNCHENBRUSTFILETS** mit **SALZ** und **PFEFFER** kräftig würzen. Das **FETT** in einer Pfanne erhitzen und das Fleisch darin bei mittlerer Hitze von beiden Seiten insgesamt 10–12 Minuten braten. Beiseitestellen und lauwarm abkühlen lassen. Anschließend schräg in jeweils etwa 3 mm dicke Scheiben schneiden. Die **FLEISCHTOMATEN** ebenfalls in Scheiben schneiden. Den **BACON** oder **FRÜHSTÜCKSSPECK** im Hähnchenbratfett bei mittlerer Hitze 2–3 Minuten von beiden Seiten knusprig braten. Auf Küchenpapier abtropfen lassen.
BROTSCHEIBEN inzwischen knusprig toasten und die Rinde abschneiden. Die **SALATBLÄTTER** in mundgerechte Stücke zupfen. Die Toastscheiben nebeneinanderlegen und acht Scheiben gleichmäßig mit Salat, Baconstreifen und Hähnchenbrust belegen. Jeweils zwei belegte Toastscheiben aufeinandersetzen. Die restlichen vier Brotscheiben mit **MAYONNAISE** bestreichen und mit der bestrichenen Seite nach unten auflegen.
Leicht zusammendrücken und die vier Brottürme mit einem großen, scharfen Messer diagonal durchschneiden. Jede Hälfte mit je zwei Cocktailspießen feststecken. Sofort servieren.
Dazu passen Pommes frites.

ZUBEREITUNGSZEIT:
30 Min.

FÜR 4 PORTIONEN

2 große Hähnchenbrustfilets
Salz
frisch gemahlener schwarzer Pfeffer
Fett zum Braten
4 Fleischtomaten
16 Scheiben Bacon oder Frühstücksspeck
12 Scheiben amerikanisches Sandwich-Toast
8 knackige Blätter Kopfsalat oder Eisbergsalat
8 TL Mayonnaise

TIPP: Mit Rucola, hauchdünnen Salzgurkenscheiben oder hart gekochtem Ei variieren.

Baked Beans nach Bostoner Art

Beans meet Bacon – unbedingt in ebenbürtigen Portionen.

Die **BOHNEN** in einem Topf mit Wasser bedecken, aufkochen und etwa 10 Minuten köcheln lassen. Bei aufgelegtem Deckel etwa 1 Stunde ruhen lassen. Anschließend abgießen. Die **ZWIEBELN** schälen und hacken. Den Backofen auf 180 °C Ober- und Unterhitze (160 °C Umluft) vorheizen. Eine Auflaufform oder eine weite Kasserolle mit Deckel mit etwas **FETT** auspinseln. Bohnen, Zwiebeln und das **LORBEERBLATT** hineingeben. **ZUCKER, MELASSE, SENFPULVER, RUM** und 375 ml Wasser verrühren und auf die Bohnen geben. Den **SPECK** auf die Bohnen legen. Mit Alufolie sorgfältig verschließen beziehungsweise einen Deckel auflegen. Bohnen 2 Stunden im Ofen garen. Auf 130 °C Ober- und Unterhitze (110 °C Umluft) herunterschalten und die Bohnen weitere 1–2 Stunden garen. Zwischendurch immer etwas warmes Wasser nachgießen, damit die Gesamtkonsistenz leicht flüssig bleibt. Dabei direkt auch prüfen, ob die Bohnen schon gar sind.
Den Speck herausnehmen, in dünne Scheiben schneiden und unter die Bohnen mischen. Erst jetzt mit **SALZ** und **PFEFFER** sowie **CAYENNEPFEFFER** würzen.
Auf Toast mit Spiegeleiern obenauf oder als Beilage zu Kurzgebratenem oder Grillfleisch servieren.

ZUBEREITUNGSZEIT:
30 Min., 1 Std. Ruhezeit, 3–4 Std. Backzeit

FÜR 4–6 PORTIONEN

500 g getrocknete weiße Bohnen
2 Zwiebeln
Fett für die Form
1 getrocknetes Lorbeerblatt
2 EL Rohrohrzucker
60 g Melasse (dunkelbrauner Zuckersirup)
1 EL Senfpulver
125 ml Rum
500 g geräucherter Bauchspeck bzw. Bacon oder Frühstücksspeck am Stück
Salz
frisch gemahlener schwarzer Pfeffer
1 Msp. Cayennepfeffer

Zander im Speckmantel

Der rustikale Speck harmonisiert aufs Beste mit dem aromatischen Fischfleisch.

Den **LAUCH** sehr fein schneiden. **DILLSPITZEN** und **PETERSILIEN-BLÄTTER** von den Stielen zupfen und fein hacken. **SCHNITTLAUCH** in Röllchen schneiden und die Kräuter mit dem Lauch zur **BUTTER** geben. Die **KNOBLAUCHZEHE** schälen, dazupressen und je einen kleinen Spritzer **WORCESTERSHIRESAUCE** und **ZITRONENSAFT** zufügen. **SALZEN** und die Butter mit den vorbereiteten Zutaten gut vermischen. Etwas Dill zum Dekorieren zurückbehalten.

Den Backofen auf 180 °C Ober- und Unterhitze (160 °C Umluft) vorheizen. Den **ZANDER** mit der Würzbutter füllen. Dann den Fisch auf beiden Seiten mit einem scharfen Messer in Abständen von 1,5–2 cm leicht einritzen. Mit dem restlichen **ZITRONENSAFT** beträufeln und leicht **SALZEN.** Nun den Zander mit den **SCHINKENSPECKSCHEIBEN** umwickeln und mit der Nahtseite nach unten in eine mit etwas Fett ausgestrichene Auflaufform legen. Etwas **WEISSWEIN** angießen. Den Fisch 35–40 Minuten im Ofen garen. Nach und nach den restlichen **WEIN** zufügen. Gegarten Zander herausnehmen, den Sud in eine Kasserolle abgießen, mit **SALZ** und **PFEFFER** abschmecken und als Sauce zum Fisch servieren. Den restlichen Dill auf den Fisch streuen.

Dazu passen Salzkartoffeln und ein sahniges Lauchgemüse.

ZUBEREITUNGSZEIT:
25 Min., 40 Min. Backzeit

FÜR 4 PORTIONEN

½ kleine Lauchstange, nur der weiße Anteil
1 Bund Dill
½ Bund glatte Petersilie
1 Bund Schnittlauch
100 g zimmerwarme Butter
1 Knoblauchzehe
1 Spritzer Worcestershiresauce
Saft von 1 Zitrone
Salz
1 küchenfertiger Zander (ca. 1,3 kg)
200 g geräucherter Schinkenspeck in Scheiben
Fett für die Form
ca. 200 ml trockener Weißwein
frisch gemahlener weißer Pfeffer

Bardierter Fasan

Ohne Speckmantel würde das magere Fleisch in der Ofenhitze austrocknen und faserig werden.

BAUCHSPECK fein würfeln und in einer Pfanne kurz anbraten. 250–300 g **CHAMPIGNONS** in Stücke schneiden, **PETERSILIENBLÄTTER** von den Stielen zupfen und fein hacken, das **WEISSBROT** reiben. Speckwürfel, die Petersilienblätter und die Brotkrumen gut vermischen, mit **SALZ** und **PFEFFER** würzen und in die **FASANE** füllen. Die Öffnungen mit einem Zahnstocher verschließen. Die Vögel außen mit **SALZ** und **PFEFFER** einreiben und mit den **SPECKSCHEIBEN** umwickeln. Den Speck mit Küchengarn fixieren.

Den Backofen auf 200 °C Ober- und Unterhitze (180 °C Umluft) vorheizen. Die Fasane in zwei mit etwas **FETT** ausgestrichene ofenfeste Formen setzen und die **GEFLÜGELBRÜHE** angießen. 50–60 Minuten garen. Eventuell zwischendurch etwas Flüssigkeit nachgießen. Die restlichen **CHAMPIGNONS** gegebenenfalls halbieren und 20 Minuten vor Ende der Garzeit mit in die Form geben und die Fasane mit den **ROSMARINZWEIGEN** belegen. Den Speck von den Fasanen entfernen, die Fasane tranchieren, die Füllung herausnehmen. Die Sauce entfetten und mit **SALZ** und **PFEFFER** abschmecken. Die Champignons und die Sauce mit der Füllung anrichten und zusammen mit den Fasanen servieren.

Dazu passen beispielsweise ein Kartoffel-Pastinaken-Püree und geschmorter Wirsing.

ZUBEREITUNGSZEIT:
40 Min., 1 Std. Backzeit

FÜR 4 PORTIONEN

- **100 g geräucherter Bauchspeck**
- **800 g braune Champignons**
- **½ Bund glatte Petersilie**
- **2 Scheiben Weißbrot**
- **Salz**
- **frisch gemahlener schwarzer Pfeffer**
- **2 küchenfertige weibliche Fasane (je 800–900 g)**
- **4 breite, längliche Scheiben gesalzener Rückenspeck**
- **Fett für die Formen**
- **250 ml gute Geflügelbrühe**
- **½ Bund Rosmarin**

Speck oder Schinken?

Speck und Schinken sehen sich manchmal ähnlich. Was nun ist Speck und was ist Schinken? Die meisten würden es vielleicht so erklären: Ein Stück, das ausschließlich oder überwiegend aus Fett besteht, ist Speck. Ein Stück mit mehr Fleisch- als Fettanteil muss also Schinken sein. Und wenn sich Fett- und Fleischanteil in etwa die Waage halten, hat man Schinkenspeck. Klingt logisch. Doch: Nach den Leitsätzen für Fleisch und Fleischerzeugnisse des Deutschen Lebensmittelbuchs stehen bei der Unterscheidung von Schinken und Speck die Fett- und Fleischanteile nicht im Vordergrund. Vielmehr spielen die Teile des Schweins, aus denen die verwendeten Stücke stammen, und gegebenenfalls auch die Verarbeitung, die entscheidende Rolle.

Was Speck ist, wird zunächst so definiert: Es ist das unter der Haut des Schweins liegende Fettgewebe ohne Schwarte, auch mit Resten von Skelettmuskulatur. Außerdem kommt es auf die Partien an, die den Speck ausschließlich hergeben: Bauch und Rücken. Es gibt auch noch den Backen- und den Kammspeck (aus dem Nacken), die beide allerdings an der Fleischtheke und in der Küche nicht von Bedeutung sind.

Schinken hingegen stammt aus anderen Partien und hat immer einen hohen Fleischanteil. Traditionell wird der beste Schinken aus der Keule beziehungsweise aus Teilen davon hergestellt, die deswegen als Ganzes auch als Schinken bezeichnet wird. Zu den Schinken zählen eine Reihe der sogenannten gegarten Pökelfleischerzeugnisse und der rohen Pökelfleischerzeugnisse – auf Deutsch: Kochschinken und Rohschinken (auf dem Foto oben). Hier geht es also darum, wie ein Fleischstück verarbeitet wurde, sodass es nachher Schinken heißen darf. Gibt es übrigens auch von Bären, Elchen, Rentieren, Puten und weiteren Lieferanten. Unter der Bezeichnung „Schinken" wird zudem Formfleisch verkauft, wobei es sich um zusammengeklebte und dann künstlich in Form gebrachte einzelne Stücke handelt (Formfleischvorder- oder -hinterschinken). Sieht also aus wie Schinken und schmeckt wie Schinken, war aber vorher kein richtiger, auch wenn Formfleischschinken aus Schinkenstücken zusammengefügt wird. Ein kleiner Trost: Wenn es sich um Formfleisch handelt, muss auf der Verpackung stehen „aus Fleischstücken zusammengefügt". Und beim Schinkenspeck (auf dem Foto unten) handelt es sich um ein Teil aus der Hüfte, das aus dem am Rücken gelegenen Teil der Keule stammt, er ist also ein Schinkenstück.

Und nun die große Frage: Wie verhält es sich mit dem (Süd-)Tiroler Speck, der doch so gar nicht wie Speck, sondern wie ein klassischer Schinken aussieht? Die Antwort darauf gibt es auf Seite 93.

Schweinemedaillons im Speckmantel

Dank der Speckhülle bleibt das magere Filet schön saftig.

Das **FILETSTÜCK** gegebenenfalls von Fett, Haut und Sehnen befreien. Den Strang in acht Medaillons schneiden. Die Stücke erst auf den flachen Seiten mit einer **SPECKSCHEIBE,** dann ringsherum um die Ränder so mit einer weiteren **SPECKSCHEIBE** umwickeln, dass das Fleisch vollständig von Speck umhüllt ist. Den Speck auf den Rändern entweder mit Küchengarn festbinden oder mit Zahnstochern fixieren. In einer Pfanne in heißem **FETT** von allen Seiten kurz und scharf anbraten und dann bei sehr mäßiger Hitze insgesamt etwa 5 Minuten weiterbraten, bis der Speck von allen Seiten knusprig ist. Mit **SALZ** und **PFEFFER** würzen.
Dazu passen Kartoffeln als Pommes frites, Püree oder in Petersilienbutter geschwenkt sowie geschmorte Kirschtomaten mit Zuckerschoten.

ZUBEREITUNGSZEIT:
25–30 Min.

FÜR 4 PORTIONEN

800 g Schweinefilet am Stück
16 Scheiben Bacon oder Frühstücksspeck
Fett zum Braten
Salz
grob gemahlener schwarzer Pfeffer

Speckverarbeitung

In seiner reinsten, unverarbeiteten Form spielt Speck eine eher untergeordnete Rolle in der Küche, denn unbehandelt wird das Fett schnell ranzig. Um das zu verhindern, haben die unterschiedlichen Küchen der Welt über die Jahrhunderte Methoden entwickelt, die nicht nur seine Haltbarkeit deutlich verlängern, sondern dem Produkt erst seine typischen intensiven Aromen verleihen, ihm also einen geschmacklichen Pluspunkt verschaffen. Erst dadurch werden aus den fettreichen Stücken vom Schwein wahre Delikatessen in vielen Varianten. Bei den meisten Speckspezialitäten handelt es sich um Rohpökelware. Der rohe Speck wird erst gepökelt, dann getrocknet und anschließend eventuell noch geräuchert.

[UNBEHANDELT] Reinen, unbehandelten fetten Rückenspeck kennt man auch unter dem Begriff „grüner Speck". Von der Schwarte befreit, dient dieses Fett hauptsächlich der Verhinderung des Austrocknens zum Beispiel von Braten. Durch Spicken oder Bardieren (siehe Seite 154) nimmt das magere Fleisch das Speckfett auf, wird saftig und zart. Grünen Speck setzt man ebenso bei der Wurstherstellung ein. Er ist nicht lange haltbar und muss schnell verbraucht werden. Gleiches gilt für den Kammspeck.

[GESALZEN] Salz entzieht Wasser und reduziert die Aktivität mancher Enzyme. Nach diesem Prinzip funktioniert die Konservierung vieler Lebensmittel, darunter auch von reinem Speck. Salzen ist der erste Schritt beim Konservieren, dem noch Räuchern und Lufttrocknen folgen können, aber nicht müssen. Bestimmte Rückenspecksorten wie etwa Lardo oder Kübelspeck werden lediglich gesalzen und mit Gewürzen versehen über viele Wochen oder Monate in Gefäßen gereift (siehe auch Seiten 94 und 122). Eine weitere konservierende Behandlung wird bei ihnen nicht durchgeführt. Durchwachsene, also fleischreiche Specksorten behandelt man dagegen in der Regel mit Pökelsalz. Ausnahme ist der Biobereich, in dem das konservierende Salzen mit reinem Haushaltssalz oft auch für andere Fleischteile eingesetzt wird.

Specklexikon

[GEPÖKELT] Nach dem gleichen Prinzip wie das einfache Salzen funktioniert auch das Salzen mit Pökelstoffen. Nitritpökelsalz besteht aus Haushaltssalz mit Zusatz von Kalium- oder Natriumnitrit. Das Nitrit führt zur sogenannten Umrötung, bei der sich der Fleischanteil nicht grau verfärbt, sondern im Gegenteil sogar noch kräftiger in der Farbe wird. Gleichzeitig werden Bakterien wie das besonders gefährliche Botulismusbakterium wirkungsvoller abgetötet als beim reinen Salzen. Auch geschmacklich macht sich der Zusatz positiv bemerkbar. Pökeln eignet sich für Specksorten mit Fleischanteil, Rückenspeck dagegen ist meist nur mit Salz konserviert.

Man unterscheidet im Wesentlichen drei Pökelarten: Beim Nasspökeln, auch Lakenpökelung genannt, kommt das parierte Stück Speck in eine Lake aus Wasser, Pökelsalz und Gewürzen, in der es einige Wochen verbleibt. Diese Methode ist recht einfach und deshalb verbreitet. Echtes Trockenpökeln ist mit einem höheren Arbeitsaufwand verbunden und der Speck verliert mehr Flüssigkeit. Geschmacklich kann das Trockenpökeln jedoch punkten, denn das mit Salz und Gewürzen eingeriebene Stück reift über längere Zeit an der Luft und gewinnt dadurch deutlich mehr Aroma als durch die Nasspökelung. Das Pökeln in Eigenlake stellt einen Mittelweg zwischen Trocken- und Nasspökeln dar. In ein Gefäß geschichtet, werden die Speckstücke mit Gewichten beschwert, wo sie durch den Austritt von Gewebewasser eine Lake bilden. Noch wirkungsvoller ist das Vakuumieren in Folie. In dieser Lake reifen die Speckstücke dann über einige Wochen.

Spritzpökeln, auch Schnellpökeln genannt, spart dem Metzger Zeit, hat aber ein weniger haltbares Produkt zur Folge, weil das eingespritzte Wasser nicht schnell genug entweicht. Mithilfe einer Injektionstechnik wird die Pökellake durch gleichmäßiges Einspritzen im Fleisch verteilt. Das langsame Diffundieren (Einziehen) der Salzlösung in die Zellen beschleunigt sich damit. Für Produkte gehobener Qualität ist dieses Verfahren verpönt.

Gut zu wissen: Gepökelte oder gesalzene Speckarten sind in Österreich unter dem Begriff „Surspeck“ bekannt.

Specklexikon

[GERÄUCHERT] Nach einer sich meist an das Pökeln anschließenden sogenannten Durchbrennphase, in der der Speck trocken und luftig gehängt nachreift, folgt bei vielen Produkten zur Geschmacksverbesserung und der weiteren Verlängerung der Haltbarkeit das Räuchern. Duftender Holzrauch, oft ist es Buchenholz, durchzieht den Speck über viele Stunden und verwandelt ihn in eine Delikatesse mit typisch kräftig-rauchigem Aroma. Räucherspeck, in Österreich auch als Selchspeck bekannt, ist für vielfältige Einsätze in der Küche geeignet.
Beim Kalträuchern hat der Rauch eine Temperatur von maximal 30 °C, oft auch deutlich darunter. Bei diesen Temperaturen wird die Eiweißstruktur der Räucherware noch nicht verändert, der Rauchgeschmack des Endprodukts ist recht dezent, verleiht dem Produkt aber die gewünschte, sehr beliebte geschmackliche Note. Kalt geräucherter Speck ist besonders lange haltbar.
Die Heißräucherung arbeitet mit wesentlich höheren Temperaturen. Bei 50 bis 70 °C gart der Speck gleichzeitig und es entsteht ein dem Kochschinken ähnliches Produkt. Seine Haltbarkeit ist deutlich kürzer.

[GEGART] Mit zwei Methoden ist ein sich dem Pökeln anschließendes Garen möglich: das schon erwähnte Heißräuchern oder aber das Garen im Wasserbad. In der Regel wird es eher für Schinken durchgeführt, aber auch Bauchspeck kann dieser Behandlung unterzogen werden.

[LUFTGETROCKNET] Eine andere Methode der sich an das Pökeln anschließenden Haltbarmachung ist das Lufttrocknen, auch mit dem Kalträuchern kombinierbar. Eher in südlichen Ländern mit den entsprechenden klimatischen Bedingungen üblich, sorgt die Trocknung ebenso wie das Kalträuchern für eine besonders lange Haltbarkeit. Die hohe Luftfeuchtigkeit, die salzhaltige Luft und ein leichter Wind bieten dort gute Bedingungen für ein mürbes, gut haltbares und dabei sehr würziges Produkt. In Klimakammern oder in passend temperierten Räumen ist diese Methode auch bei uns durchführbar.

Lammkeule mit Kräuter-Senf-Kruste und Bohnen im Speckmantel

Von Speck umhüllt, werden die Bohnen von dessen Aroma ganz durchzogen.

Den Backofen auf 160 °C Ober- und Unterhitze (140 °C Umluft) vorheizen. Die **LAMMKEULE** rundherum mit **SALZ** und **PFEFFER** einreiben. Die halbe **ZWIEBEL** schälen und fein würfeln. Die **KRÄUTERBLÄTTCHEN** von den Stielen zupfen und fein hacken. ½ EL der Kräuter zurückbehalten, die restlichen Kräuter mit Zwiebel, **BUTTER, SENF** und **PANIERMEHL** verkneten und mit **SALZ** und **PFEFFER** würzen. Auf der Lammkeule verteilen und glatt streichen.
Das Fleisch in eine Fettpfanne legen. Im Backofen etwa 3 Stunden garen. In der Zwischenzeit die **BOHNEN** putzen, die **KNOBLAUCHZEHE** schälen und die **PFEFFERKÖRNER** zerdrücken. **BOHNENKRAUT,** Knoblauch, Pfefferkörner und **SALZ** in einem großen Topf kurz in **ÖL** anrösten.
2 l Wasser zugeben, aufkochen und 10 Minuten kochen lassen. Die Brühe anschließend durchsieben, nochmals aufkochen lassen und die Bohnen darin etwa 20 Minuten garen. Dann Bohnen in kaltem Wasser abschrecken und mit Küchenpapier abtrocknen. Zu handlichen Bündeln zusammenfassen und mit jeweils einer Scheibe **BACON** oder **FRÜHSTÜCKSSPECK** umwickeln. Acht solcher Portionsbündel herstellen.
Die **BUTTER** in einer ofenfesten Form erhitzen und die Bohnenpäckchen mit der „Naht" nach unten hineinlegen. Mit einem Deckel schließen.
Nun die fertig gegarte Lammkeule aus dem Ofen nehmen und in Alufolie eingewickelt warm halten. Den Backofen auf 200 °C Ober- und Unterhitze (180 °C Umluft) hochschalten. Die Bohnen in der Form etwa 5 Minuten im Ofen backen, dabei die Bündel einmal wenden.
Währenddessen die heiße **BRÜHE** auf die Fettpfanne der Lammkeule gießen und den Bratensatz durch Rühren lösen. In einen Topf gießen, aufkochen und mit **SAUCENBINDER** andicken. Das Fleisch mit den übrigen gehackten **KRÄUTERN** bestreuen und in Scheiben schneiden. Mit den Bohnenpäckchen und der Sauce servieren.
Dazu passen Rosmarinkartoffeln.

ZUBEREITUNGSZEIT:
1 Std. 15 Min., 3 Std. Backzeit

FÜR 4 PORTIONEN

FÜR DIE LAMMKEULE
1 kg Lammkeule mit Knochen
Salz
frisch gemahlener schwarzer Pfeffer
½ Zwiebel
3 Estragonzweige
2 Thymianzweige
2 Petersilienstängel
50 g Butter
1 EL Senf
3 EL Paniermehl
125 ml Gemüsebrühe
2 TL heller Saucenbinder

FÜR DIE BOHNEN
800 g grüne Bohnen
1 Knoblauchzehe
1 TL schwarze Pfefferkörner
1 Bund Bohnenkraut
2 EL Salz
1 EL Öl
8 Scheiben Bacon oder Frühstücksspeck
1 EL Butter

IN DICKEN SCHEIBEN

Hier präsentiert sich Speck von seiner spendablen Seite.
Für den deftigen Biss dürfen die Stücke ruhig etwas kräftiger sein.

Steckrübeneintopf mit Speck

Einfache Suppe, die durch Speck kräftige Unterstützung bekommt.

Den **BAUCHSPECK** in dicke Scheiben schneiden. Die **STECKRÜBE** putzen und würfeln. Die **KARTOFFELN** schälen und ebenfalls würfeln.
Die **BUTTER** in einem großen Topf zerlassen und den Bauchspeck darin von allen Seiten leicht anbraten. Die **FLEISCHBRÜHE** zugeben und die Steckrüben- und Kartoffelwürfel hineingeben. Mit **SALZ, PFEFFER** und **KÜMMEL** würzen, **LORBEERBLÄTTER** zugeben. Bei schwacher Hitze etwa 1 Stunde mit aufgelegtem Deckel garen. Dann die Bauchspeckscheiben herausnehmen, den Eintopf einmal gut umrühren, mit den **GEWÜRZEN** abschmecken und den Bauchspeck wieder dazugeben.
Die **ZWIEBEL** schälen und würfeln. Die **SPECKSCHEIBEN** in einer Pfanne knusprig auslassen und herausnehmen. Die Zwiebel in dem Speckfett glasig dünsten. Zwiebelwürfel und ausgelassenen Speck auf den Eintopf geben. **PETERSILIENBLÄTTCHEN** von den Stielen zupfen, grob hacken und darüberstreuen.

ZUBEREITUNGSZEIT:
30 Min., 1 Std. Garzeit

FÜR 4 PORTIONEN

500 g geräucherter Bauchspeck am Stück
1 Steckrübe (ca. 750 g)
500 g Kartoffeln
2–3 EL Butter
375 ml Fleischbrühe
Salz
frisch gemahlener schwarzer Pfeffer
Kümmelsamen
2 getrocknete Lorbeerblätter
1 Zwiebel
50 g geräucherter Bauchspeck in Scheiben
2–3 Petersilienzweige

Saure Mairübchen

Der Speck bildet ein deftiges Gegengewicht zu den feinen Mairübchen.

Das **SUPPENGRÜN** putzen und in Stücke schneiden. Die **ZWIEBEL** schälen und fein hacken. Das **SCHWEINESCHMALZ** in einem großen Topf zerlassen und die Zwiebeln darin leicht anschwitzen.
Den **KNOBLAUCH** schälen. Zu den angeschwitzten Zwiebeln das Suppengrün, das **FLEISCH,** den **SPECK** und den Knoblauch geben. Mit dem **WEISSWEIN** und der **FLEISCHBRÜHE** begießen. Mit **SALZ** und **PFEFFER** würzen. Den Topf schließen und etwa 2 Stunden bei schwacher Hitze kochen lassen.
In der Zwischenzeit die **RÜBCHEN** putzen. Den Strunk abschneiden und die Stiele in etwa 5 cm lange Stücke schneiden. Die zarten Blättchen abschneiden und beiseitelegen. Das Suppengrün entfernen und die Mairübchen dazugeben. 15 Minuten kochen, dann die Stiele zugeben und weitere 5 Minuten kochen. Zum Schluss die Blätter zugeben. Mit **ESSIG, SALZ** und **PFEFFER** abschmecken.
Den Bauchspeck und die Schweineschulter herausnehmen, in Stücke schneiden und wieder in die Suppe geben.
Dazu passen Braten, Kurzgebratenes, kräftige Würstchen und Kartoffeln.

ZUBEREITUNGSZEIT:
20 Min., 2 Std. 20 Min. Garzeit

FÜR 4 PORTIONEN

1 Bund Suppengrün
1 große Zwiebel
150 g Schweineschmalz
2 Knoblauchzehen
500 g geräucherte Schweineschulter
200 g geräucherter Bauchspeck am Stück
250 ml Weißwein (am besten Silvaner)
250 ml Fleischbrühe
Salz
frisch gemahlener schwarzer Pfeffer
1,5 kg Mairübchen
2–3 EL Weinessig

Specksorten

Das reine Fettgewebe, aus dem Speck größtenteils besteht, bringt von Natur aus zunächst einmal wenig Eigengeschmack mit – für den Speck und seine Genießer gleichermaßen ein Glücksfall, denn bekanntlich gilt Fett als Geschmacks- und Aromaträger, der würzige Aromen aus anderen Quellen besonders gut aufnimmt. Durch eine Kombination der üblichen Behandlungen wie Salzen, Pökeln, Trocknen, Räuchern und dem Aromatisieren mit verschiedenen Gewürzzusätzen entstehen so verschiedene delikate Specksorten, die viele Gerichte mit ihrem kräftigen Aroma bereichern, aber auch solo schon für Geschmacksexplosionen sorgen.

Für den deftigen Speckgenuss ist kräftige Würze gefordert, auch ein wenig Schärfe macht sich gut. Beliebt sind Paprikapulver, Knoblauch, Salz oder Senf. Zusätzlich werden diese Aromastoffe manchmal mit harmonierenden Kräutern kombiniert wie Oregano, Majoran, Bohnenkraut oder Thymian. Vorher muss aber gepökelt oder gesalzen werden, das sorgt nicht nur für die pikant-salzige Note, sondern auch für die notwendige Haltbarkeit. Eine leichte bis kräftige Räuchernote, durch das Räuchern mit unterschiedlichen Holzarten zum Schluss zusätzlich erreichbar, kann die Geschmacksvielfalt abrunden und die Haltbarkeit noch einmal verlängern, muss aber nicht sein.

[GEPÖKELTER UND KALT GERÄUCHERTER BAUCHSPECK] Wie der fettreiche Rückenspeck erhält gut durchwachsener Speck aus dem Bauch des Schweins ein kräftig-würziges Aroma durch das Salzen und anschließende Räuchern. Aber im Gegensatz zu Rückenspeck ist hier der Einsatz von Nitritpökelsalz üblich, der dem Fleischanteil die rote Farbe erhält und auch geschmacklich Einfluss nimmt (siehe auch Seite 57). Diese verbreitete Sorte ist vielseitig einsetzbar und sehr beliebt.

[GEPÖKELTER UND HEISS GERÄUCHERTER BEZIEHUNGSWEISE GEGARTER BAUCHSPECK] Erst Pökeln, dann Räuchern – die übliche Behandlung der meisten Speckarten wird für dieses Produkt noch durch einen weiteren Schritt ergänzt, das Garen. Entweder geschieht das im Anschluss an das Pökeln im heißen Wasserbad oder aber durch das Räuchern in heißem Rauch (siehe Seite 58, Stichwort „geräuchert“). Dieser Speck (siehe auch Seite 22, Stichwort „Bauchspeck“) ist gekochtem Schinken ähnlich. Er schmeckt auf Brot und in vielen Gerichten, wird beim Braten aber nicht knusprig.

Specklexikon

[GESALZENER UND KALT GERÄUCHERTER RÜCKENSPECK] Lediglich der Rauch von üblicherweise eingesetztem Buchenholz verleiht diesem Speck sein Aroma, gelegentlich werden auch Gewürze wie etwa Wacholderbeeren beim Räuchern mitverwendet. Die Räucherung dauert zwölf bis 24 Stunden. Vorher wird der fette, feste und kernige Rückenspeck, der gründlich von der Schwarte befreit werden muss, zwei Wochen in Salz ohne Pökelstoffe trocken eingehüllt und nach dem Abwaschen zum Abtrocknen mehrere Tag an einem luftigen Ort aufgehängt. Die anschließende Reifung beträgt mindestens acht Wochen.

Dieser fette Speck eignet sich besonders zum Aromatisieren von Eintöpfen oder in Würfel geschnitten und kross in der Pfanne angebraten als knusprige Einlage. Wegen seines kräftigen Eigengeschmacks ist er für das Spicken und Bardieren nur geeignet, wenn man den Räuchergeschmack ausdrücklich wünscht.

[FRÜHSTÜCKSSPECK] (siehe Bacon, Seite 122)

[KNOBLAUCHSPECK] Zuerst zart-fleischig im Geschmack, dann mit einer leichten, feinen Knoblauchnote im Abgang, so beschreiben die Hersteller dieser Spezialität ihr Produkt. Meist wird Kamm- beziehungsweise Nackenspeck verwendet, aber auch Bauchspeck oder Schinkenspeck kommen zum Einsatz. Manche Hersteller ziehen dagegen den kernigeren Teil des Schweinebauchs vor. Alles ist möglich. Auch ob getrocknete Knoblauchflocken oder frisch durchgepresster Knoblauch verwendet werden, ist eine Frage des Geschmacks. Freunde des besonders würzigen Genusses mischen den Knoblauch gern mit weiteren Gewürzen wie Wacholder und Pfeffer.

Erst wird der Speck in einfachem Haushaltssalz bis zu drei Wochen trocken gesalzen, wobei auch hier schon die Würzmischung zugegeben wird. Alternativ bestreicht man die Speckstreifen erst nach dem Salzen mit Knoblauchflocken (die in etwas Wasser angerührt wurden), wahlweise frisch gepresstem Knoblauch und nach Wunsch auch mit weiteren Gewürzen. An das etwa einwöchige Kalträuchern schließt sich ein mehrmonatiges Lufttrocknen an.

Specklexikon

[PAPRIKASPECK] Edelsüßes Paprikapulver oder rosenscharfes: Beides eignet sich für diese pikant gewürzte Specksorte, die – wie könnte es anders sein – in Ungarn ihren Ursprung hat. Während das edelsüße Paprikagewürz eine leichte Süße mitbringt und recht mild ist, wartet die rosenscharfe Sorte mit deutlich mehr Schärfe auf. Für welche Variante man sich entscheidet, ist reine Geschmackssache. Beide eignen sich, dem Speck eine intensive Würze und seinem Äußeren eine schöne rote Farbe zu verleihen. Kenner schwören übrigens auf echtes ungarisches Paprikapulver, das nach ihrer Ansicht nicht mit Produkten anderer Herkunft vergleichbar ist. Verwendet wird drei bis fünf Zentimeter dicker reiner Bauch- oder Rückenspeck ohne Schwarte, manchmal auch der Speck der Schweinebacke, der zunächst in Scheiben geschnitten und zwei Wochen trocken gesalzen wird. Dazu nimmt man nicht etwa Pökelsalz, sondern ganz normales Haushaltssalz. Wer möchte, legt noch in feine Scheiben geschnittenen Knoblauch zwischen die Speckscheiben. So vorbereitet, erhält der Speck eine lange Haltbarkeit. Die Streifen werden dann abgewaschen, an der Luft getrocknet und in Paprikapulver gewälzt (siehe Foto) oder von allen Seiten mit Paprikapulverwasser bepinselt.

Bei manchen Methoden werden Salz und Gewürz schon kombiniert, etwa im Verhältnis eins zu eins. Anschließendes mehrtägiges Kalträuchern fügt dem würzigen Speck außerdem ein angenehmes Räucheraroma hinzu. Zur Reifung wird der Speck bis zu mehreren Monaten luftgetrocknet.

[SALZSPECK] Für diese zarte Spezialität wird fetter, möglichst kaum durchwachsener Speck großzügig von der Schwarte befreit und von allen Seiten gründlich mit normalem Haushaltssalz eingerieben. So schichtet man ihn in ein Gefäß und streut noch mehr Salz darüber. Nach der dreitägigen Pökeldauer wird der Speck abgewaschen, getrocknet und wieder gesalzen, nach Belieben auch noch leicht gepfeffert. So reift er an einem luftigen Ort zehn bis 20 Tage. Anschließend kann er zusätzlich geräuchert oder auch sofort zum Beispiel als würziger Brotbelag genossen werden.

Süßer Speck mit Spitzkohl

Schmeckt nach Skandinavien: Speck mit Zucker und Zimt.

Den **SPITZKOHL** putzen und fein schneiden, die **KARTOFFELN** schälen, den **BAUCHSPECK** vierteln. Die **ZWIEBEL** schälen und würfeln. Wenig **SCHMALZ** in einem Topf erhitzen, den Speck darin von allen Seiten anbraten. Mit **BRÜHE** und **WEIN** ablöschen, mit **SALZ** und **PFEFFER** würzen. Bei geschlossenem Deckel etwa 40 Minuten sanft garen.
In der Zwischenzeit die Kartoffeln in leicht **GESALZENEM** Wasser weich kochen. Den Speck aus dem Topf nehmen, dann in fingerdicke Streifen schneiden, die Kochbrühe aufbewahren.
Das restliche **SCHMALZ** in einem Topf erhitzen und die Zwiebel darin andünsten. Den Spitzkohl dazugeben und anbraten. Die Kochbrühe vom Speck dazugeben und etwa 10 Minuten dünsten.
Den Backofen auf 200 °C Ober- und Unterhitze (180 °C Umluft) vorheizen. Den Speck auf ein mit Backpapier ausgelegtes Blech legen, mit **ZUCKER** und **ZIMT** bestreuen und für etwa 10 Minuten in den Ofen schieben. Der Zucker soll karamellisieren.
Spitzkohl, Speck und Kartoffeln zusammen servieren.

ZUBEREITUNGSZEIT:
35–40 Min., 50 Min. Gehzeit, 10 Min. Backzeit

FÜR 6 PORTIONEN

1 Spitzkohl (ca. 1 kg)
1 kg Kartoffeln
1 kg geräucherter Bauchspeck am Stück
1 Zwiebel
150 g Schweineschmalz
200 ml Fleischbrühe
200 ml Rosé oder ein nicht zu säurehaltiger Weißwein
Salz
frisch gemahlener schwarzer Pfeffer
1–2 EL Rohrohrzucker nach Geschmack
etwa ½ TL Zimt

Baeckeoffe

Bester Beweis für die elsässische Liebe zu deftigen Gerichten mit viel Fleisch und das Talent des Specks zur geschmacklichen Abrundung.

ZUBEREITUNGSZEIT:
40 Min., 12 Std. Ruhezeit,
2 Std. 30 Min. Backzeit

FÜR 6–8 PORTIONEN

500 g Lammschulter ohne Knochen
500 g Rindfleisch (Schulter oder Nacken) ohne Knochen
500 g Schweinefleisch (Schulter oder Nacken) ohne Knochen
2 Knoblauchzehen
5 Thymianzweige
4 getrocknete Lorbeerblätter
750 ml Weißwein (Silvaner oder Elsässer Riesling)
2 große Zwiebeln
2 kleine Lauchstangen
4 Möhren
600 g Kartoffeln
Gänseschmalz zum Fetten
Salz
grob zerstoßener schwarzer Pfeffer
3–4 EL Weizenmehl
6–8 Scheiben geräucherter Bauchspeck

Das **FLEISCH** in grobe Würfel schneiden. **KNOBLAUCH** schälen und die Zehen etwas andrücken. Fleisch mit 3 **THYMIANZWEIGEN,** 2 **LORBEERBLÄTTERN** und dem **WEISSWEIN** in eine Schüssel geben und über Nacht zugedeckt im Kühlschrank marinieren lassen.

Am nächsten Tag das Fleisch abtropfen lassen und die Marinade zurückbehalten. **ZWIEBELN** schälen und in Ringe schneiden. Den **LAUCH** putzen und in grobe Ringe schneiden. **MÖHREN** und **KARTOFFELN** schälen und in dicke Scheiben schneiden. Den Backofen auf 180 °C Ober- und Unterhitze (160 °C Umluft) vorheizen.

Eine Baeckeoffe-Form aus Keramik, einen Römertopf oder einen Emailletopf mit Deckel mit dem **GÄNSESCHMALZ** fetten. Die Hälfte von Möhren, Lauch, Zwiebeln und Kartoffeln einfüllen. Ein **LORBEERBLATT** und einen **THYMIANZWEIG** darauflegen. Mit **SALZ** und **PFEFFER** würzen und mit etwas **MEHL** bestäuben. Dann das Fleisch daraufgeben. Den letzten **THYMIANZWEIG** und das letzte **LORBEERBLATT** darauflegen. Leicht **SALZEN, PFEFFERN** und wieder mit etwas **MEHL** bestäuben. Restliches Gemüse, Kartoffeln und Zwiebeln daraufgeben, würzen und wieder mit **MEHL** bestäuben. Mit dem **SPECK** bedecken.

Mit der zurückbehaltenen Marinade auffüllen. Den Deckel auflegen, er muss sehr dicht schließen. Ist das nicht der Fall, dann kann man aus Mehl und Wasser einen Teig rühren, den man zum Abdichten als Wulst zwischen Deckel und Form presst (dieser Teig wird nicht mitgegessen). Im Backofen 2–2 ½ Stunden garen. Die Form heiß auf den Tisch stellen und erst dort öffnen.

Bollito misto

Den italienischen Klassiker gibt es in zahllosen Varianten, hier mit Pancetta.

Für den Fleischtopf die **GEMÜSEZWIEBELN** schälen und in dicke Halbmonde schneiden. **SELLERIE** und **MÖHREN** putzen, Möhren schälen und das Gemüse würfeln. Die **KRÄUTERBLÄTTER** von den Stielen abzupfen. **FALSCHES FILET, ZUNGE, POULARDE, PANCETTA,** jeweils die Hälfte des Gemüses und der Kräuter sowie die **NELKE, PFEFFERKÖRNER** und das **LORBEERBLATT** in einen großen Topf geben und mit Wasser aufgießen, bis alles gut bedeckt ist. Dann offen aufkochen und den Schaum abschöpfen. Auf kleiner Flamme und bei halb aufgelegtem Deckel 3–4 Stunden sanft köcheln lassen. Das restliche Gemüse etwa 1 Stunde vor Ende der Garzeit zugeben. Die **KARTOFFELN** schälen und etwa 35 Minuten vor Ende der Garzeit zufügen. Mit **SALZ** und **PFEFFER** würzen. Während der Eintopf gart, die Salsa verde zubereiten. Dafür **KAPERN** und **ANCHOVIS** abtropfen lassen. Den **KNOBLAUCH** schälen, die **PETERSILIENBLÄTTER** von den Stielen zupfen. Alles im Mixer pürieren. Danach in einem dünnen Strahl das **OLIVENÖL** einarbeiten, bis eine cremige Masse entstanden ist. Mit **ZITRONENSAFT, SALZ** und **PFEFFER** herzhaft würzen. Alle Fleischeinlagen nach und nach herausnehmen. Die Poularde enthäuten und das Fleisch in großen Stücken von den Knochen lösen. Die Zunge ebenfalls häuten. Falsches Filet, Zunge und Speck in Scheiben schneiden. Alles auf einer großen, vorgewärmten Platte anrichten und mit dem Gemüse sowie den Kartoffeln umlegen. Dann etwas Brühe darüberschöpfen und mit den gehackten restlichen Kräutern bestreuen. Dazu die Salsa reichen.

ZUBEREITUNGSZEIT:
50 Min., 4 Std. Garzeit

FÜR 8–10 PORTIONEN

FÜR DEN FLEISCHTOPF
3 Gemüsezwiebeln
1 Stange Sellerie
5 Möhren
1 Bund Petersilie
1 Bund Basilikum
600 g falsches Filet vom Rind
1 küchenfertige gepökelte Kalbszunge
1 Poularde (ca. 1,3 kg)
500 g geräucherten Pancetta am Stück
1 Gewürznelke
1 TL Pfefferkörner
1 getrocknetes Lorbeerblatt
1 kg kleine festkochende Kartoffeln
Salz
frisch gemahlener schwarzer Pfeffer

FÜR DIE SALSA VERDE
3 EL Kapern
4 Anchovisfilets
1 Knoblauchzehe
½ Bund Petersilie
100 ml Olivenöl
3 EL Zitronensaft
Salz
frisch gemahlener schwarzer Pfeffer

Sauerkraut und Speck, die Unzertrennlichen

Ein Erfolgsduo der rustikalen Heimatküche sind Sauerkraut und Speck. Beides zusammen aus einem Topf, gern begleitet von einem Schlag Kartoffelpüree und eventuell noch ein paar Würsten, wird vor allem in der kühleren Jahreszeit auf den Tisch gebracht. Nichts wärmt innerlich besser als diese deftige Tafelfreude. Wie aber wurden der üppige Speck und das saure Kraut so unzertrennlich? Die naheliegende Erklärung, dass beides lange kochen muss, bis es wunderbar weich durchgegart ist, und dass man beides, weil es ohnehin zusammen auf einen Teller kommt, dann auch gleich im selben Topf kochen kann, ist zwar zutreffend, greift aber zu kurz. Auch die Tatsache, dass in Regionen mit ausgedehnten Kohlanbaugebieten und gleichzeitig weit verbreiteter Schweinemast die Liaison von Speck und Sauerkohl unweigerlich zu einem Ernährungs- und Genussklassiker werden musste, spielt sicher ebenfalls eine Rolle. Doch auch das erklärt noch nicht alles. Die Ursprünge dieses Phänomens reichen bis in Vorzeiten.

Man vermutet, dass Sauerkraut bereits in der Steinzeit bekannt war; von Schweinen ist da allerdings noch nicht die Rede. Nachgewiesen ist hingegen, dass im 3. Jahrhundert vor Christus die mit dem Bau der Großen Mauer beschäftigten Arbeiter in China Sauerkraut aßen, wenn auch mit Reis. Das damalige kulinarische Angebot dürfte aus heutiger Sicht eher bescheiden gewesen sein, und gerade deshalb wird man zwei spezielle Funktionen des Krauts beglückt wahrgenommen haben: Zum einen wirkt Saures als Geschmacksverbesserer. Vor allem aber macht Saures fettreiche Speisen leichter verdaulich. Nicht zufällig produzieren unser Magen und die Galle einen Cocktail aus diversen Säuren, damit das Verdauungssystem auch mit den fettesten Bissen fertig wird.

Es trafen sich also zwei, die wie füreinander bestimmt waren. Hier der Speck, der in Zeiten, als breite Bevölkerungsschichten oft nicht genug zu essen hatten, der beste aller Kalorienspender war und manchen vor dem Verhungern rettete. Dort das Sauerkraut, das die speck- und damit fettreichen Mahlzeiten leichter verdaulich machte und obendrein das Geschmackserlebnis verstärkte.

Es gibt einen weiteren Aspekt, der Speck und Sauerkraut unzertrennlich machte: Wenn im Herbst der Kohl geerntet und gleichzeitig die Schweine geschlachtet wurden, war man sehr darauf bedacht, beides so zu konservieren, dass man auch im Winter noch lange etwas davon hatte. Der geschnittene Kohl kam in ein Fass und schon bald setzte sich von allein die haltbar machende Milchsäuregärung in Gang. Die fettesten und deshalb für das Überleben wertvollsten Teile des Schweins wurden eingesalzen und dann in den Rauch gehängt. Damit hatte man die wichtigsten Zutaten für schmackhafte und nahrhafte Mahlzeiten auf Wochen hinaus gesichert. Heute bekommt man Weißkohl zu jeder Jahreszeit frisch und Fleisch muss in Zeiten von Tiefkühlern in jedem Haushalt auch nicht mehr in den Rauch. Aber Sauerkraut mit Räucherspeck schmeckt nun einmal einzigartig.

Schlachtplatte – oder die Schlacht auf der Platte

Der Begriff „Schlachtplatte" hat zwar einen martialischen Beiklang, meint aber nur einen harmlos dampfenden Berg schweinerner Köstlichkeiten. Der kann aber so groß und üppig ausfallen, dass es dann doch schon einer Schlacht gleicht, wenn man sich über ihn hermacht.

In der Hauptsache besteht dieses deftige Fleischgericht aus frisch gekochten, glänzenden Blut- und Leberwürsten sowie einer ordentlichen Portion Bauchspeck, heiß aus dem großen Kessel serviert. Als Beilagen werden unbedingt Sauerkraut, außerdem Kartoffeln oder Brot gereicht. Regional gehören auch frische Brat- und Mettwürste, Stippgrütze und weitere kernige Spezialitäten dazu. Aus dem anfallenden Blut macht man außer Würsten auch Saucen, wie im Rheinhessischen die schwarz Brie. Und die Brühe aus dem Wurstkessel lässt man sich als Metzelsuppe schmecken. Wohlgemerkt, es geht dabei nicht um eine Art Resteverwertung, vielmehr ist jedes Stück Schwein wertvoll genug, um daraus etwas Leckeres zu zaubern.

Diese Zusammenstellung der Schlachtplatte hat Tradition, man kann auch sagen, sie ergab sich zwangsläufig, denn ihr lag immer ein besonderes Ereignis zugrunde: das Schlachten eines Schweins. Als in den ländlichen Gegenden draußen auf den Bauernhöfen noch geschlachtet wurde – heute sehr selten geworden –, wurden die Teile des Tiers, die nicht durch Pökeln, Lufttrocknen oder Räuchern lange haltbar gemacht werden konnten, vor allem also Innereien, frisch für die große Runde am bereits gedeckten Tisch zubereitet. Da kam jedes Mal eine Menge an Leuten und Leckereien zusammen – und weil nicht das ganze Jahr über, sondern meist nur im Herbst geschlachtet wurde, artete dieses seltene und mit Heißhunger erwartete Essen gern in ein opulentes Fest aus. Und das nannte man, naheliegend, Schlachtfest, bei dem die Schlachtplatte manche Sehnsuchtswünsche erfüllte. Vor der Erfindung des Kühlschranks war der Herbst gleich aus mehreren Gründen der beste Zeitpunkt für dieses gesellschaftliche Event: Das Fleisch verdarb bei dem kühleren Klima nicht so schnell und die Bauern hatten jetzt nach der Ernte wieder mehr Zeit. Außerdem musste ein geschlachtetes Schwein nicht mehr durch den Winter gefüttert werden.

Im Schweinfurter Raum wird in einigen Restaurants bis heute die berühmte Schweinfurter Schlachtschüssel serviert, für die Ess-Ästheten allerdings starke Nerven brauchen. Die Wirte machen es sich demonstrativ leicht und servieren in Anlehnung an alte bäuerliche Gepflogenheiten Würste, Fleisch, Brot, Kraut und Senf vor dem Gast direkt auf dem blankgescheuerten Holztisch. Nun ja. Immerhin ist die Benutzung von Messer, Gabel und Serviette gestattet.

Schlachtplatte und Schlachtfest sind untrennbar mit Schweinefleisch verbunden. Für Rinder, Schafe und andere Tiere gibt es in unseren Breitengraden diesen Brauch und diese Kulturbegriffe nicht. Schade eigentlich.

Sauerkrautessen auf traditionelle elsässische Art

Das Schmalz für den Glanz, der Speck für den Genuss.

Das **SAUERKRAUT** unter kaltem Wasser gründlich abspülen und gut abtropfen lassen. **ZWIEBEL** und **KNOBLAUCHZEHEN** schälen, Zwiebel in Scheiben schneiden. Das **SCHMALZ** in einem hohen, schweren Topf erhitzen, Zwiebel und Knoblauch darin hell andünsten. Das Sauerkraut zerpflücken und hineingeben. Knoblauch, **NELKEN, WACHOLDERBEEREN** sowie das **LORBEERBLATT** hinzufügen. Mit **WEIN** auffüllen und so viel Wasser zugeben, dass das Kraut zur Hälfte mit Flüssigkeit bedeckt ist. Abschließend mit **SALZ** und **PFEFFER** würzen. Dann etwa 1 Stunde mit aufgelegtem Deckel köcheln lassen.

SCHWEINEKARREE, BAUCHSPECK, SCHWEINESCHULTER und **-HACHSE** hinzufügen und mit aufgelegtem Deckel etwa 2 weitere Stunden köcheln lassen, bis das Fleisch fast gar ist. Fettdeckel und Knochen von der Hachse entfernen und das Fleisch in Stücke teilen. Inzwischen die **KARTOFFELN** schälen. Die Kartoffeln zufügen und wenig später auch die **LEBERKNÖDEL,** abhängig von ihrer Gardauer. In der Zwischenzeit die **WÜRSTE** in einem weiteren Topf in Wasser erhitzen. Wenn die Kartoffeln gar sind, den Inhalt des Topfes zusammen mit den Würsten obenauf auf einer großen Platte anrichten. Mit etwas Sud begießen, damit alles schön glänzt.

ZUBEREITUNGSZEIT:
20 Min., 3 Std. Garzeit

FÜR 10 PORTIONEN

1,5–2 kg frisches Sauerkraut
1 große Zwiebel
1 Knoblauchzehe
100 g Gänse- oder Schweineschmalz
2 Gewürznelken
5 Wacholderbeeren
1 getrocknetes Lorbeerblatt
200–250 ml trockener Weißwein
Salz
frisch gemahlener Pfeffer
750 g gepökeltes Schweinekarree
400 g geräucherter Bauchspeck am Stück
1 kg geräucherte Schweineschulter
1 große, frische Schweinshachse (ca. 1,3 kg)
10 mittelgroße festkochende Kartoffeln
10 Leberknödel (selbst gemacht oder aus dem Kühlregal)
5 Brühwürste Straßburger Art oder andere Brühwürste

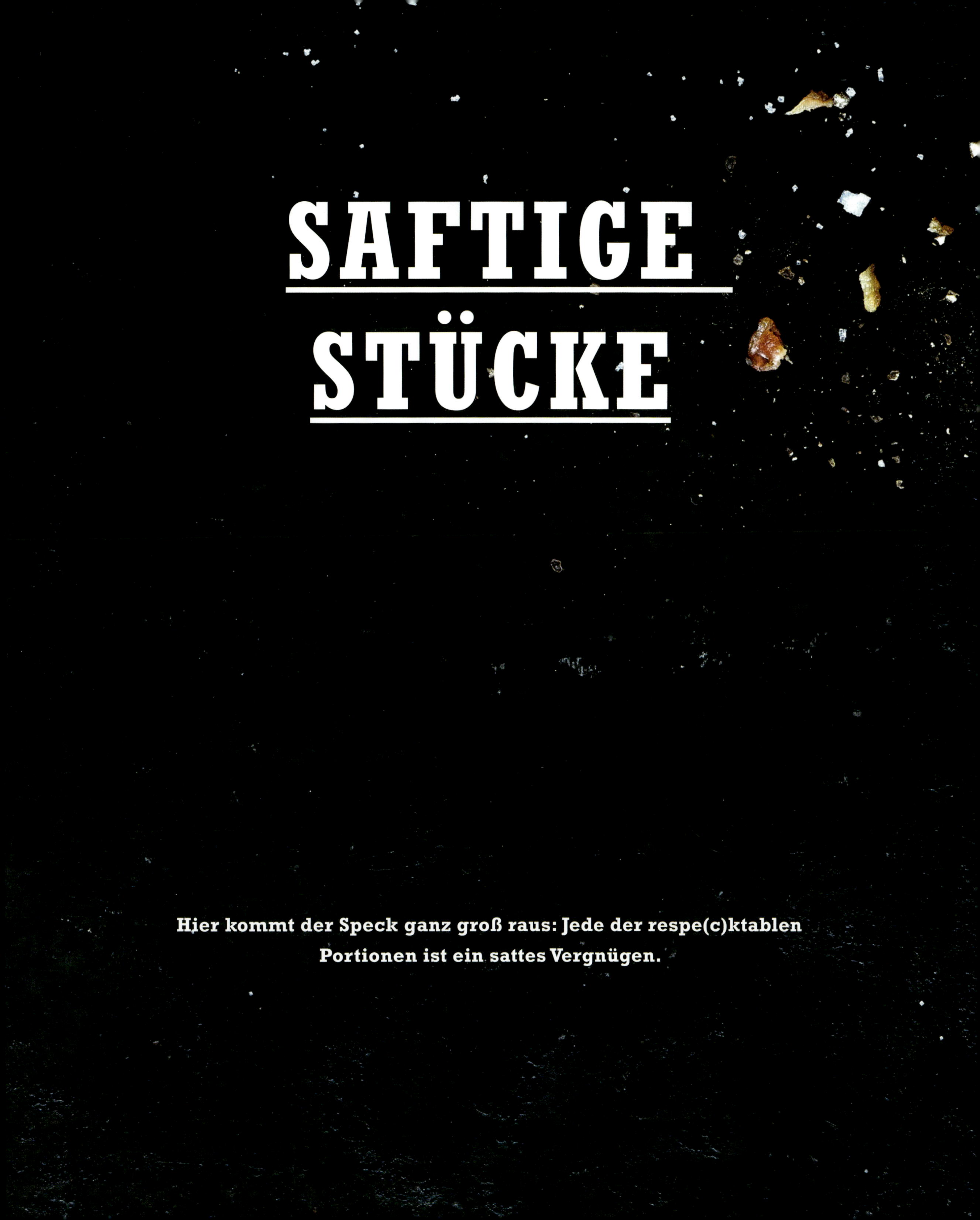

SAFTIGE STÜCKE

Hier kommt der Speck ganz groß raus: Jede der respe(c)ktablen Portionen ist ein sattes Vergnügen.

Erbsensuppe

Speck muss sein, Würste dürfen.

Die **ERBSEN** über Nacht in einem Topf in reichlich Wasser einweichen. Das **SUPPENGRÜN** putzen, klein schneiden, zu den Erbsen geben und alles zum Kochen bringen. Mit **BRÜHPULVER** bei aufgelegtem Deckel etwa 30 Minuten leicht köchelnd garen. Den **SPECK** zufügen und etwa 45 Minuten weitergaren.
Inzwischen die **KARTOFFELN** schälen, würfeln und separat kochen, bis sie weich sind. Anschließend abgießen und abtropfen lassen. Den Speck herausnehmen und die Suppe pürieren. Die **KNACKWÜRSTE** in Scheiben schneiden und mit den Kartoffeln und dem Speck für 5 Minuten mit in den Topf geben. Mit **SALZ**, **PFEFFER** und **MAJORAN** herzhaft würzen. Mit **PETERSILIE** bestreut servieren.

ZUBEREITUNGSZEIT:
45 Min., 12 Std. Einweichzeit, 1 Std. 20 Min. Garzeit

FÜR 4 PORTIONEN

500 g ungeschälte getrocknete Erbsen
1 Bund Suppengrün
1 TL Fleischbrühepulver
300 g geräucherter Bauchspeck am Stück
500 g Kartoffeln
200 g Knackwürste
Salz
frisch gemahlener schwarzer Pfeffer
½ TL getrockneter Majoran
Petersilienblättchen zum Bestreuen

Lothringer Fleischtopf

Mit Salz anfangs besser geizen – Schweineschulter und Speck steuern noch genug bei.

Die **ZWIEBEL** schälen und die **NELKEN** hineinstecken. **KNOBLAUCHZEHE** schälen und andrücken. Den **LAUCH** putzen und mit **SELLERIE, PETERSILIE, KERBEL, LORBEERBLATT** und der Knoblauchzehe mit Küchengarn fest zu einem Strauß zusammenbinden. Einen großen, mit Wasser halb gefüllten Topf zum Kochen bringen. **FLEISCH, SPECK,** Suppengrünbündel, Zwiebel und 1 EL **SALZ** ins Wasser geben. 1 Stunde ganz leicht köcheln lassen.

In der Zwischenzeit den **GRÜNKOHL** von den dicken Blattrippen zupfen, für 1 Minute in kochendes Wasser geben und herausnehmen. **MÖHREN** und **RÜBEN** schälen und in Scheiben schneiden. **BOHNEN** putzen und die **KARTOFFELN** schälen. Das Kräuterbündel herausnehmen. Möhren, Rüben und Grünkohl zufügen. Nach 10 Minuten Kartoffeln und Bohnen hineingeben. Nach weiteren 10 Minuten die **METTWÜRSTE** und noch einmal 10 Minuten später die **TK-ERBSEN.** Alles noch so lange kochen lassen, bis die Kartoffeln gar sind.

TIPP: **Zum Servieren herausheben und auf eine große Platte oder in eine Terrine geben. Bei Tisch, falls nötig, nachsalzen.**

ZUBEREITUNGSZEIT:
1 Std. 40 Min.

FÜR 6–8 PORTIONEN

1 Zwiebel
2 Gewürznelken
1 große Knoblauchzehe
4 dünne Lauchstangen
1 Selleriestange
1 Bund Petersilie
1 Bund Kerbel
1 getrocknetes Lorbeerblatt
1,5 kg geräucherte Schweineschulter
400 g magerer geräucherter Bauchspeck am Stück
Salz
700–800 g Grünkohl
300 g Möhren
4 weiße Rüben
150 g grüne Bohnen
800 g Kartoffeln
6 kleine Kochmettwürste
500 g TK-Erbsen

Birnen, Bohnen und Speck

Der norddeutsche Klassiker sollte unbedingt mit kleinen, harten Kochbirnen zubereitet werden. Der Schinkenspeck sorgt für die deftige Note.

Die **ZWIEBELN** schälen und in Spalten schneiden. Zusammen mit dem **SCHINKENSPECK**, den **PFEFFERKÖRNERN** und **SALZ** mit etwa 1,25 l Wasser in einen Topf geben. Aufkochen lassen und im geschlossenen Topf bei mittlerer Hitze etwa 45 Minuten garen.

In der Zwischenzeit die **BOHNEN** putzen, waschen, in Stücke schneiden und nach 20–25 Minuten zum Speck geben. Das **BOHNENKRAUT** mit Küchengarn zusammenbinden. Etwas zum Garnieren zurückbehalten. 5–10 Minuten später, also 15 Minuten vor Ende der Garzeit, die **BIRNEN** mit dem Bohnenkrautsträußchen zu den Bohnen geben.

Dann Speck, Birnen und Bohnenkraut herausnehmen. Schinkenspeck in grobe Stücke schneiden und die Birnen nach Belieben längs halbieren. Die **SPEISESTÄRKE** in wenig Wasser glatt rühren. Den Sud damit leicht binden und nochmals aufkochen lassen. Mit wenig **SALZ** und **PFEFFER** abschmecken. Birnen und Speck wieder hineingeben. Auf Tellern verteilen und mit dem restlichen **BOHNENKRAUT** garnieren.

ZUBEREITUNGSZEIT:
1 Std.

FÜR 4 PORTIONEN

2 Zwiebeln
500 g Schinkenspeck am Stück
½ TL schwarze Pfefferkörner
Salz
1 kg grüne Bohnen
1 kleines Bund Bohnenkraut
4 Kochbirnen (à ca. 125 g)
1 gestr. EL Speisestärke
frisch gemahlener schwarzer Pfeffer

TIPP: **Für dieses Gericht braucht man Kochbirnen, die man zur Saison im August auf dem Markt bekommen kann. Sie heißen Wein-Bergamotte-Birne, Griese Bern oder Bürgermeisterbirne. Diese Birnen sind klein, hart und auch nicht so süß wie Tafelbirnen. Sie werden erst durch das Kochen genießbar. Weiche, reife Tafelbirnen eignen sich weniger, weil sie zerfallen und zu viel Süße haben.**

Cassoulet

Mit seinem Raucharoma liiert der Speck Ente, Lamm und Schwein.

Die **BOHNEN** in einem Topf mit ungesalzenem Wasser bedecken, aufkochen und 3–4 Minuten köcheln lassen. Bei aufgelegtem Deckel 1 Stunde ruhen lassen und abgießen. Die **FENCHELSAMEN** in einer Pfanne ohne Fett kurz anrösten, bis sie duften. **SPECK** und Bohnen mit den **LORBEERBLÄTTERN** und Fenchel in einem großen Topf mit Wasser bedecken und sanft aufkochen. Bei halb aufgelegtem Deckel 2–3 Stunden sanft köcheln lassen, bis die Bohnen fast weich sind.

In der Zwischenzeit die **ENTEN** halbieren und mit **SALZ** würzen. Den Backofen auf 180 °C Ober- und Unterhitze (160 °C Umluft) vorheizen. Die Entenhälften mit der Hautseite nach oben in einer Saftpfanne mit etwas Wasser etwa 1 ½–2 Stunden garen und herausnehmen. Den Sud in der Saftpfanne belassen. Das Entenfleisch in mehrere Stücke zerteilen. Den Backofen nicht ausschalten.

LAMM- und **SCHWEINEFLEISCH** in etwa 2 cm dicke Scheiben schneiden. **ZWIEBELN** und **KNOBLAUCH** schälen, Zwiebeln vierteln, Knoblauchzehen halbieren. **THYMIAN-** und **PETERSILIENBLÄTTCHEN** von den Stielen zupfen und grob hacken. Das **SUPPENGRÜN** putzen und klein schneiden, die **DOSENTOMATEN** zerdrücken, den Saft auffangen. Das Fleisch **SALZEN** und mit Knoblauch, Thymian, Zwiebeln, Dosentomaten und -saft in die benutzte Saftpfanne geben. Das Ganze etwa 40 Minuten im Ofen garen, dann das Fleisch wenden. Das Suppengrün hinzufügen, 250 ml von der Bohnenbrühe angießen und alles weitere 20 Minuten garen.

Den Bohnentopf mit **SALZ** und **PFEFFER** würzen, die Petersilie einrühren. Nun sämtliche Zutaten in einen großen Bräter geben, dabei das Entenfleisch obenauf legen. Nochmal für etwa 15 Minuten in den Ofen schieben und zuletzt noch etwa 5 Minuten mit dem Backofengrill überbräunen. Dazu passt knuspriges Baguette.

ZUBEREITUNGSZEIT:
30 Min., 12 Std. Einweichzeit, 25 Min. Backzeit

FÜR 8 PORTIONEN

750 g getrocknete weiße Bohnen
1 TL Fenchelsamen
500 g geräucherter Bauchspeck am Stück
2 getrocknete Lorbeerblätter
2 küchenfertige kleine Enten
Salz
500 g Lammkeulenfleisch ohne Knochen
500 g Schweinenacken ohne Knochen
300 g Zwiebeln
1 Knoblauchknolle
1 Bund Thymian
1 Bund glatte Petersilie
1 Bund Suppengrün
1 große Dose geschälte Tomaten (800 g)

Who is who – Heimatlande

Die größte Speckauswahl und die bekannteste Specktradition kommen zweifellos aus dem Südtiroler und österreichischen Raum. Es sind in der Regel Specksorten, die durch das Räuchern mit ganz bestimmten Holzarten, das Trocknen unter den dort herrschenden einmaligen Klimabedingungen oder das Reifen mit Gewürzen oder Gewürzmischungen ihr ganz typisches, einzigartiges Aroma entwickeln. Manche von ihnen konnten Feinschmeckerherzen weit über die Landesgrenzen hinweg erobern, andere aber haben die eng gesteckten Regionalbereiche kaum überschritten und harren ihrer zufälligen Entdeckung zum Beispiel durch Urlaubsreisende.

[SCHWARZWÄLDER SPECK] Weniger bekannt als der Schwarzwälder Schinken, sein etwas magererer Verwandter aus der Keule des Schweins, hat auch der Schwarzwälder Speck einen ganz eigenen Geschmack. Beide, egal,ob Schinken oder der durchwachsene Speck aus dem Schweinebauch, werden mit einer speziellen Würzmischung aus Pökelsalz, Pfeffer, Koriander, Wacholder und Knoblauch trocken gepökelt. Nach dem zweiwöchigen Pökelvorgang folgt das Räuchern mit einheimischen Nadelhölzern – eine sonst unübliche Methode, denn das starke Aroma von Weichholz und die dunkle Färbung des Räucherguts sind normalerweise beim Räuchern nicht erwünscht.

Der Schwarzwälder Spezialität verleiht das Holz aber nicht nur außen die typische schwarze Farbe, sondern auch den kräftig rauchigen Geschmack, der Schwarzwälder Speck und Schinken unverwechselbar macht. Beim Speck kennt man zwei verschiedene Produkte: die Schwarzwälder Schmalseite ohne Rückenanteil und die Schwarzwälder Breitseite mit einem Rückenanteil. Beide Sorten werden auch als Vesperspeck angeboten und schmecken besonders gut auf einem kräftigen Stück Brot.

[GELDERLÄNDER SPECK] Gelderländer Speck ist keine Herkunftsbezeichnung. Vielmehr ist diese Specksorte durch eine besondere Pökelmethode gekennzeichnet: die Spritzpökelung, die von manchen Produzenten jedoch strikt abgelehnt wird. Die Methode ist besonders schnell und effektiv, denn die Pökelflüssigkeit wird in gleichmäßigen Abständen mithilfe einer Injektionsspritze direkt in den durchwachsenen Speck gespritzt und damit besonders gleichmäßig verteilt. Die anschließende Räucherung über Buchenholz verleiht dem Speck den typischen Rauchgeschmack. Durch die verkürzte Pökeldauer kann diese Specksorte besonders preisgünstig angeboten werden.

Specklexikon

[WAMMERL] Es ist keine spezielle Specksorte, sondern ein in Süddeutschland und Österreich gebräuchlicher Begriff für durchwachsenen Bauchspeck. Das schwarzgeräucherte Wammerl stammt aus Niederbayern. Dabei wird die schwarze Farbe entweder durch das Räuchern mit Nadelhölzern erreicht oder das Wammerl wird vor dem Kalträuchern in eine spezielle Lösung getaucht. Vorher wird mehrere Wochen trocken gepökelt und mit verschiedenen Gewürzen verfeinert.

[DÖRRFLEISCH] Der hauptsächlich im Süddeutschen verwendete Begriff bezeichnet gepökelten Bauchspeck, der einige Tage kalt geräuchert wurde. Dörrfleisch wird stets mit der effektiven Methode der Spritzpökelung haltbar gemacht, was es recht schnell genießbar, aber auch weniger lange haltbar als viele andere Specksorten macht.

[KATENSPECK] Magerer Schweinebauch wird gepökelt und anschließend mithilfe einer langen Heißräucherphase gegart. Dadurch erhält er außen eine sehr dunkle Farbe und einen kräftigen Rauchgeschmack. Der Unterschied zum häufiger angebotenen Katenschinken besteht in der Auswahl des Fleischstücks: Für den Speck wird Schweinebauch verwendet, während der Schinken aus der Keule des Schweins stammt. Außerdem ist Katenschinken im Gegensatz zu Katenspeck ungegart.

[SÜDTIROLER SPECK] Eigentlich dürfte der berühmte Südtiroler Speck nicht Speck, sondern müsste sachlich richtig Schinken heißen, denn er stammt aus der eher mageren Keule des Schweins. Und doch ist das Produkt sogar namensrechtlich geschützt: Die Bezeichnung „Südtiroler Speck g. g. A" (g. g. A steht für geschützte geografische Angabe), von der EU vergeben, bezeichnet ein nach traditioneller Methode in einem bestimmten Gebiet hergestelltes Produkt. Nur wer sich vor dem Consortium Südtiroler Speck zur Herstellung nach traditioneller Methode verpflichtet hat, darf seinen Schinken so nennen – eben Südtiroler Speck.

Der Name bildete sich vermutlich, weil der Begriff „Speck" damals weiter gefasst wurde als heute. Schweinerassen waren früher sehr viel fetter als die heutigen Magerzüchtungen und es liegt nahe, dass auch Schweinekeulen einen gehörigen Fettanteil besaßen. Vorstellbar, dass auch bei der fetten Schweinekeule von Speck gesprochen wurde. Bei der traditionellen Methode werden die mageren Schweinekeulen von den Knochen befreit und nach einem bei jedem Hersteller etwas anderen, aber selbstverständlich streng geheimen Rezept gewürzt. Einer bis zu dreiwöchigen Pökeldauer folgt ein milder Kalträuchervorgang, danach wird der Speck einige Wochen an der Luft getrocknet, wo er 22 Prozent seines Gewichts verliert und seinen mildwürzigen Geschmack erhält. Er darf einen Salzgehalt von 5 Prozent nicht übersteigen.

Specklexikon

[KAISERSPECK] Wie der Südtiroler Speck wird auch diese österreichisch-tirolerische Schinkenspezialität unter ihrem ursprünglichen Namen „Speck" geführt, obwohl auch hier die fettarme Keule von besonders mageren Tieren verwendet wird. Vom fettreichen Speck ist Kaiserspeck also weit entfernt.

Der Kaiserspeck unterscheidet sich wenig vom Südtiroler Speck: Die Keule wird in Gewürzlake gepökelt, dann kalt geräuchert und anschließend über Wochen oder Monate luftgetrocknet. Beim ungarischen Kaiserspeck hingegen handelt es sich um Bauchspeck, der erst gekocht und dann geräuchert wird.

[KÜBELSPECK] Hier kommt reiner, weißer bis leicht rosafarbener Rückenspeck zum Einsatz. Diese österreichische Speckspezialität reift traditionell im Kübel, also in einem Holzbottich. Damit keine Hohlräume entstehen, in die das konservierende Salz nicht vordringen könnte, wird der Speck nach alter Tradition fest in den Kübel gestopft und gepresst, wo er zusammen mit Gewürzen acht Wochen reift. Der fette Speck ist ein leckerer Brotaufstrich, eignet sich auch zum Spicken und Belegen.

[GAILTALER SPECK] Schon im 15. Jahrhundert wurde dieser Speck im österreichischen Kärnten produziert, heute ist der Begriff gesetzlich geschützt und die Produktion des Specks nur in einem eng begrenzten Gebiet erlaubt.

Für die Herstellung dürfen nur ganz bestimmte Land- und Edelschweinrassen ihr Bestes geben. Es werden verschiedene Fleischteile von ihnen verwendet: Ganze Speckseiten, aber auch einzelne Stücke von Bauch, Karree, Keule oder Schulter kommen dafür infrage. Zunächst werden die Teile mit (Pökel-)Salz und Gewürzen wie Pfeffer, Knoblauch und diversen Kräutern trocken gesalzen beziehungsweise gepökelt, bevor der Speck nach dem Abwaschen zum Trocknen aufgehängt wird. Zuletzt folgt eine Kalträucherphase, während der immer wieder Frischluft zugeführt wird. In kühlen Kammern reift der Speck dann mehrere Wochen.

Ergebnis ist ein fester, roter Speck mit schneeweißem Fett, der leicht würzig, wenig salzig und von ausgeprägtem Räucheraroma ist und zartmürb auf der Zunge zergeht.

Der Speckhimmel von Österreich

In Österreich ist man sehr stolz auf etwas, das andere Nationen nicht einmal als Begriff in ihrem Sprachschatz haben: die Speckkultur. Dort gibt es so viele Specksorten, dass man erst gar nicht anfangen sollte, sie aufzuzählen. Die meisten sind nach den Orten und Regionen benannt, aus denen sie stammen, allen voran der Tiroler und Kärntner Speck. Nur in Österreich findet man Metzger, die, nein, nicht mit ihren guten Würsten, dem erlesenen Fleisch seltener Rinderrassen oder anderen raren Spezialitäten für sich werben, sondern mit ihrer Speckkollektion. Und nur hier gibt es einen jährlichen Wettbewerb um den Titel des Speckkaisers – der Titel muss kaum weiter erläutert werden –, an dem sich Fleischereien mit ihren Produkten beteiligen. Allerdings muss man dabei berücksichtigen, dass in dem Alpenland nicht nur das als Speck bezeichnet wird, was auch anderswo Speck heißt, sondern auch ausgewachsene Schinken. Regionale Spezialitäten, die bestimmte Normen erfüllen, dürfen das Premiumsiegel „g. g. A" (geschützte geografische Angabe) tragen (siehe auch Specklexikon auf Seite 93).

Tirol – bis zum Ende des Ersten Weltkriegs noch ungeteilt – steht beispielhaft für das Entstehen der Speckkultur der gesamten Region. In früheren Zeiten gab es hier auf fast jedem Bauernhof einige Schweine für die Eigenversorgung. Kühlschränke kannte man noch nicht und so mussten die Bauern das Fleisch der Schweine haltbar machen, damit sie nach der Schlachtsaison im Herbst auch noch im Winter etwas Kerniges zu kauen hatten. Jeder Hof hatte seine eigene Methode zu pökeln, zu räuchern und zu würzen – und es entstanden zahllose Rezepturen, die von Generation zu Generation weitergegeben wurden. Ein Hinweis auf Speck als Kulturgut findet sich beispielsweise in der Schrift „Geschichte des Tiroler Metzgerhandwerks und der Fleischversorgung des Landes". Darin ist von einer Preisfestsetzung für das Pfund Speck im Jahr 1573 die Rede. Ein altes Sprichwort bringt die Verbundenheit der Österreicher zu ihrem Speck auf den Punkt: „Der Speck ist von den Gottesgaben eine der besten, die wir haben."

Natürlich ist das, was heutzutage gern als alte bäuerliche Romantik dargestellt wird, vielfach längst fabrikmäßigen Produktionsmethoden gewichen. Aber es gibt noch eine Reihe handwerklich arbeitender Betriebe, und nicht nur Feinschmecker haben ihr Vergnügen daran, sich buchstäblich durch die verschiedenen Specksorten zu futtern. Dennoch dürften eher Marketingüberlegungen im Spiel sein, wenn es plötzlich heißt, dieser Speck da sei nach einem Geheimrezept hergestellt.

Plumen un Klüten

Backpflaumen und Räucherspeck hielten sich früher bis in den Winter – und kamen deshalb oft zusammen auf den Teller.

Die **BACKPFLAUMEN** über Nacht in etwas Wasser einweichen. Für die Klöße die **MILCH** zum Kochen bringen. **BUTTER, SALZ,** 1 Msp. **ZUCKER, MUSKAT** und **PFEFFER** hineingeben. Sobald sich die Butter aufgelöst hat, das **MEHL** einrühren und so lange weiterrühren, bis die Masse immer fester wird und sich vom Topfboden löst. Den Teig abkühlen lassen.
Den **SPECK** in wenig Wasser etwa 45 Minuten sanft kochen. Backpflaumen abtropfen lassen, zufügen und den Sud mit **ZUCKER, ZIMT** und einem Schuss **ESSIG** pikant abschmecken. Mit **SPEISESTÄRKE** leicht binden.
Inzwischen die **EIER** in den abgekühlten Teig rühren. Mit einem Teelöffel Klößchen (Klüten) ausstechen und in leicht siedendes **SALZWASSER** geben. Etwa 5 Minuten ziehen lassen, am besten eine Garprobe machen.
Den Speck herausnehmen, in vier Portionen teilen und zusammen mit den Klüten anrichten. Das Ganze mit der Sauce übergießen.

ZUBEREITUNGSZEIT:
1 Std. 15 Min., 12 Std. Einweichzeit

FÜR 4 PORTIONEN

500 g Backpflaumen
250 ml Milch
25 g Butter
Salz
Zucker
frisch geriebene Muskatnuss
frisch gemahlener schwarzer Pfeffer
125 g Weizenmehl (Type 405 oder 550)
750 g geräucherter Bauchspeck am Stück
1 Prise Zimt
1 Schuss Essig nach Geschmack
etwas Speisestärke
2 Eier

Marinierter Bauchspeck vom Grill mit Senfsauce

Panierter und gebratener Bauchspeck war früher als Arbeiterschnitzel bekannt.

ZUBEREITUNGSZEIT:
30 Min., 12 Std. Marinierzeit,
1 Std. 20 Min. Garzeit

FÜR 4 PORTIONEN

FÜR DEN GRILLSPECK
800 g gepökelter ungeräucherter Bauchspeck
3 Orangen, davon 1 Bioorange
1 daumengroßes Stück Ingwer
80 g flüssiger Honig
1 TL Cayennepfeffer
1 EL Sojasauce
Salz
5 Thymianzweige
5 Rosmarinzweige

FÜR DIE SENFSAUCE
100 ml Gemüsebrühe
100 g Sahne
2 EL Dijon-Senf
1 EL süßer Senf
1 Prise abgeriebene Bioorangenschale
1 Prise Cayennepfeffer
Salz

Die Schwarte des **BAUCHSPECKS** mehrmals kreuzweise einritzen. Die **ORANGEN** auspressen und die Schale der **BIOORANGE** abreiben. Den **INGWER** schälen und fein hacken. Orangensaft mit abgeriebener Schale, Ingwer, **HONIG, CAYENNEPFEFFER** und **SOJASAUCE** verrühren. **SALZ** und die **KRÄUTERZWEIGE** zugeben.
Den Speck in eine Schüssel legen und mit der Marinade übergießen. Zugedeckt mindestens 12 Stunden im Kühlschrank marinieren. Währenddessen mehrmals wenden.
Dann den Speck aus der Marinade nehmen und leicht abtropfen lassen. Den Speck Zimmertemperatur annehmen lassen und den Backofen auf 80 °C Unter-/Oberhitze vorheizen (Umluft nicht empfehlenswert). Den Speck im Ofen etwa 1 Stunde vorgaren. Einen Grill vorheizen beziehungsweise anzünden. Den vorgegarten Speck unter mehrmaligem Wenden auf dem heißen Grillrost etwa 10 Minuten auf jeder Seite grillen, bis er goldbraun ist. Eine Garprobe machen: den Speck anschneiden, um zu prüfen, ob er durchgegart ist.
Inzwischen für die Senfsauce die **BRÜHE** mit der **SAHNE** aufkochen, den **DIJON-SENF** und den **SÜSSEN SENF** unterrühren und mit abgeriebener **ORANGENSCHALE, CAYENNEPFEFFER** und **SALZ** abschmecken. Den Grillspeck zusammen mit der Senfsauce anrichten.
Gut passen dazu Salzkartoffeln und grüne Bohnen oder Wirsing.

TIPP: Statt auf einem Grill kann der Speck in der Grillpfanne oder unter dem Backofengrill knusprig zubereitet werden.

Dicke Bohnen mit Speck

Kernige Dicke Bohnen vertragen würzigen Speck sehr gut als geschmackliches Gegengewicht.

Die **ZWIEBELN** schälen und eine der beiden Zwiebeln vierteln. Die **MÖHRE** putzen, schälen und in grobe Stücke schneiden. 1,5 l Wasser, Möhre, Zwiebelviertel, **PFEFFERKÖRNER, GEWÜRZNELKEN** und das **LORBEERBLATT** in einen Topf geben und zusammen aufkochen lassen. **KASSELER** und **SPECK** zugeben und zugedeckt etwa 45 Minuten köcheln lassen. Die **METTENDEN** 15–20 Minuten vor Ende der Garzeit zufügen. Das **BOHNENKRAUT** mit Küchengarn zusammenbinden.

Die zweite **ZWIEBEL** fein würfeln, 1 EL **BUTTER** in einem großen Topf zerlassen und die Zwiebelwürfel darin anschwitzen. Nach Ende der Garzeit des Kasselers etwa 1 l Brühe abnehmen, in den Topf mit der angeschwitzten Zwiebel geben und aufkochen lassen. **BOHNEN** abtropfen lassen, mit dem Bohnenkraut hinzufügen und zugedeckt etwa 20 Minuten kochen.

Das **MEHL** mit der restlichen **BUTTER** verkneten. Das Bohnenkraut aus der Brühe entfernen und die Mehlbutter hineinrühren. Nochmals unter Rühren 2–3 Minuten köcheln lassen. Dann die **SAHNE** einrühren und die Bohnen mit **SALZ** und **PFEFFER** abschmecken.

Kasseler, Speck und Mettenden in der restlichen Brühe nochmals erhitzen. Dann aus der Brühe heben und das Kasseler vom Knochen lösen. Das gesamte Fleisch in Scheiben schneiden, zusammen mit den Mettenden und den Bohnen servieren.

TIPP: **Wer frische Bohnen verwenden möchte, muss von etwa 1,5 kg mit Schale ausgehen.**

ZUBEREITUNGSZEIT:
1 Std. 20 Min.

FÜR 4 PORTIONEN

- 2 große Zwiebeln
- 1 große Möhre
- 1 TL schwarze Pfefferkörner
- 2 Gewürznelken
- 1 getrocknetes Lorbeerblatt
- 500 g Kasseler mit Knochen
- 200 g geräucherter Bauchspeck am Stück
- 2 Mettenden
- ½ Bund Bohnenkraut
- 3 EL weiche Butter
- 1 kg Dicke Bohnen (aus dem Glas oder TK-Ware)
- 30 g Weizenmehl (Type 405 oder 550)
- 50 g Sahne
- Salz
- frisch gemahlener schwarzer Pfeffer

Kleiner Imbiss: Brettljause

Wenn ein Österreicher Appetit auf einen Imbiss oder eine Zwischenmahlzeit hat, bestellt er sich eine Brettljause. Was damit gemeint ist, muss man als Nichtösterreicher erst lernen. Brettl steht für das Brett, auf dem das Essen angerichtet wird, und klingt bescheiden nach einem Stückchen Holz. Jause kann alle möglichen Essensgelegenheiten bedeuten, nur nicht Hauptmahlzeit. Und damit es nicht zu Verwechslungen kommt, wird die Jause nicht auf Tellern, sondern eben auf einem Brettl serviert. Selbstverständlich gehört im Speckland Österreich unbedingt ein ordentliches Stück Speck dazu – und Brot. Da es sich um einen Imbiss handelt, könnten Brot und Speck fürs Erste schon reichen, Blick auf den Großglockner oder das Zückerhütl inklusive. Natürlich würden nur Brot und Speck und sonst gar nichts etwas zu schlicht wirken, weshalb wir uns jetzt nicht lumpen lassen und direkt das steirische Original bestellen.

Was also gibt es außer Speck und Brot sonst noch? Als beliebte weitere Zutaten werden die folgenden Kleinigkeiten mit angerichtet: Geselchtes (Geräuchertes vom Schwein oder Rind), Lendbratl (hauchdünn geschnittenes, luftgetrocknetes Schweinskarree), Schweinsbraten, Trockenwürstel (luftgetrocknete Rohwürste), Bratlfett (erkalteter und streichfähiger Schweinsbratensaft), Grammelschmalz (Griebenschmalz), Verhackert (Brotaufstrich aus Speck, Schweinefleisch, Kochsalz, Knoblauch und Pfeffer), Leberstreichwurst (Leberwurst), Kernölaufstrich (aus Quark, Butter und Kürbiskernöl), Liptauer (Brotaufstrich aus Quark oder Schafsmilchfrischkäse mit Rosenpaprika, Kümmel, Pfeffer und geriebener Zwiebel), Käse nach Wahl, hart gekochte Eier, frisch geriebener Kren (Meerrettich) sowie Gemüse (Tomaten, Paprika, Gurken, Radieschen). Erleichtert stellt man fest, dass nichts zu fehlen scheint.

Mit Blick auf die großzügige Befrachtung des Brettls sollte man besser nicht weiter darüber nachdenken, was man erst bei einer Hauptmahlzeit zu erwarten hat. Es sei denn, die Hauptmahlzeiten fallen in Österreich so genügsam aus, dass man eine solche Brettljause zwischendurch unbedingt nötig hat. Davon ist erfahrungsgemäß nicht auszugehen.

Bauchspeck aus dem Ofen mit Meerrettichdip

Meerrettich, sonst ein gern gesehener Begleiter zu Rindfleisch, passt auch hervorragend zu knusprig gebratenem Speck.

Den **BAUCHSPECK** an der Fettseite rautenförmig einschneiden. **SALZ** und **FENCHELSAMEN** vermischen und den Speck rundherum damit großzügig einreiben. Die **LORBEERBLÄTTER** mehrmals einreißen und in die Schnittstellen in der Fettschicht sowie an die Unterseite des Bauchspecks drücken. Nun den Speck in ein sauberes Tuch wickeln, in eine Schüssel legen und mit Konservendosen oder anderen Gewichten beschwert 1–2 Tage im Kühlschrank ziehen lassen. Dadurch wird dem Speck Wasser entzogen und er wird später knuspriger.
Backofen auf 170 °C Ober- und Unterhitze (150 °C Umluft) vorheizen, Speck auf ein Backblech legen und 1 ½ Stunden im Ofen goldbraun backen.
In der Zwischenzeit für den Dip den **MEERRETTICH** schälen und sehr fein reiben. Mit **SCHMAND** vermischen, mit **PFEFFER, SALZ** und **ZUCKER** abschmecken und zum Bauchspeck servieren.

ZUBEREITUNGSZEIT:
10 Min., 1–2 Tage Ziehzeit,
1 Std. 30 Min. Backzeit

FÜR 4 PORTIONEN

1 kg gepökelter ungeräucherter Bauchspeck ohne Schwarte
Salz
reichlich Fenchelsamen
12 getrocknete Lorbeerblätter

FÜR DEN MEERRETTICHDIP
50 g frischer Meerrettich
200 g Schmand
frisch gemahlener schwarzer Pfeffer
Salz
1 Prise Zucker

Schinkenspeckbraten in Apfelwein mit Senfkruste

Ohne Fett wird ein Braten nicht saftig – fettreicher Schinkenspeck ist deshalb eine gute Wahl.

Den **SCHINKENSPECK** in einen großen Topf mit reichlich Wasser legen und etwa 12 Stunden wässern. Dabei alle paar Stunden das Wasser wechseln. Der Schinken ist dann ausreichend gewässert, wenn das frische Wasser nicht mehr salzig schmeckt. Fragen Sie aber auch Ihren Metzger, welche Zeit er zum Wässern empfiehlt.
Wieder frisches Wasser zu dem Schinken in den Topf geben und aufkochen lassen. Etwa 3 Minuten kochen, dann das Kochwasser abgießen.
Nun den **APFELWEIN** zusammen mit dem **BOUQUET GARNI** in den Topf geben. Nochmals aufkochen lassen und bei schwacher Hitze leise köcheln lassen. Den Topf von der Platte ziehen, das Fleisch etwas abkühlen lassen und aus dem Topf heben.
Den Backofen auf 170 °C Ober- und Unterhitze (150 °C Umluft) vorheizen. Die Schinkenschwarte etwas abschneiden, dabei aber noch einen dünnen Fettrand stehen lassen.
SEMMELBRÖSEL, NELKEN und **ZUCKER** vermischen. Den Schinkenspeck auf der Fettseite mit dem **SENF** bestreichen und dann die Semmelbröselmischung mit trockenen Händen vorsichtig festdrücken.
Ein Backblech mit Backpapier auslegen. Den Schinkenspeck daraufsetzen und etwa 25 Minuten im Ofen garen, bis er goldbraun ist.
Dazu passen im Ofen mitgebackenes Wurzelgemüse und Zwiebeln.

ZUBEREITUNGSZEIT:
20 Min., 12 Std. Einweichzeit, 25 Min. Backzeit

FÜR 4 PORTIONEN

1 kg gepökelter Schinkenspeck
1 l Apfelwein
1 Bouquet garni (z. B. je 1 Stängel Petersilie, Thymian, Majoran und 1 getrocknetes Lorbeerblatt als gebundener Strauß)
100 g Semmelbrösel
1 Msp. gemahlene Gewürznelken
25 g brauner Zucker
½ EL Dijon-Senf

TIPP: **Die Apfelweinbrühe kann aufgehoben und eingefroren werden. Sie eignet sich später zum Beispiel für eine Suppe.**

FLÜSSIG UND FEST

Hier beweist der Speck seine dezenten Eigenschaften. Zu Schmalz und Fett geschmolzen, dosiert er sein Aroma mit feiner Eleganz.

Warmer Apfel-Endivien-Salat mit Speck

Speck ist hier kraftvoller Geschmacksgeber, sowohl im Dressing als auch auf dem Salat.

Den **APFEL** in Spalten schneiden. Das **BROT** und den **SPECK** würfeln. Dafür den Speck am besten 10 Minuten vorher in das Tiefkühlfach legen, damit er sich besser schneiden lässt.
Die Speckwürfel in einem kleinen Topf bei mittlerer Hitze etwa 15 Minuten auslassen, bis sie leicht gebräunt sind und das ausgelassene Fett klar ist. Das Fett durch ein Sieb in eine Pfanne gießen und die Speckwürfel auf Küchenpapier gut abtropfen lassen. Von dem ausgelassenen Fett gut vier Esslöffel abschöpfen und beiseitestellen. Die Brotwürfel im restlichen Fett knusprig braten, dann auf Küchenpapier abtropfen lassen und mit etwas **SALZ** bestreuen.
Den **KNOBLAUCH** schälen und zusammen mit dem **KÜMMEL** fein hacken. Das beiseitegestellte Fett zurück in die Pfanne geben, erhitzen und den Knoblauch, den Kümmel und die Apfelspalten darin zusammen hellbraun braten. Mit dem **ESSIG** ablöschen und die Pfanne von der Platte ziehen. Die Mischung mit **SALZ** und **PFEFFER** abschmecken.
Den **SALAT** putzen und die Blätter zerzupfen.
Mit der noch warmen Apfel-Speck-Sauce vermischen. Die Speck- und Brotwürfel darüberstreuen.

ZUBEREITUNGSZEIT:
20 Min.

FÜR 4 PORTIONEN

½ säuerlicher Apfel
100 g kräftiges Roggenbrot
200 g grüner Speck
Salz
1 Knoblauchzehe
1 TL Kümmelsamen
2 EL Apfelessig
frisch gemahlener schwarzer Pfeffer
1 Kopf Endiviensalat

Apfel-Zwiebel-Schmalz

Äpfel, Majoran, Schmalz – diese Kombination passt einfach immer gut zusammen.

Die **ZWIEBELN** schälen und fein würfeln. Den **APFEL** vierteln, das Kerngehäuse entfernen und das Fruchtfleisch ebenfalls würfeln. Das **GÄNSESCHMALZ** in Stücke schneiden und mit dem **SCHWEINEFLOMEN** in einem Topf auslassen. Wenn die ausgelassenen Grieben anfangen zu bräunen, die Zwiebeln zugeben und mitbräunen. Die Mischung vom Herd nehmen und die Apfelwürfel und den **MAJORAN** in das noch heiße Fett geben.
Zum Schluss das **SALZ** unterrühren und das Schmalz stilgerecht in Steinguttöpfchen füllen; einfache verschließbare Gläser sind natürlich auch möglich. Etwas abkühlen und dann im Kühlschrank ganz fest werden lassen. Das Schmalz lässt sich im Kühlschrank etwa 6 Wochen aufbewahren.

ZUBEREITUNGSZEIT:
40 Min., Abkühlzeit

FÜR 4 GLÄSER À 250 ml

2–3 Zwiebeln
1 großer säuerlicher Apfel
250 g Gänseschmalz
500 g durchgedrehter Schweineflomen (am besten vom Metzger durchdrehen lassen)
1 TL getrockneter Majoran
½ TL Salz

Gänserillette

Gänseschmalz übt hier zusätzlich einen konservierenden Effekt aus.

In einem großen Topf 2 l Wasser aufkochen. Die **GÄNSEKEULEN** hineingeben, nochmals aufkochen lassen und bei mittlerer Hitze etwa 2 Stunden köcheln. Dann den Schaum von der Brühe abschöpfen und **ROSMARINZWEIG, PFEFFERKÖRNER, LORBEERBLÄTTER, NELKEN** und **WACHOLDERBEEREN** hineingeben.
Die Keulen aus der Brühe heben und auf einem Teller abkühlen lassen. Währenddessen das Gänsefett von der Brühe abschöpfen und beiseitestellen. Etwa 750 ml Brühe abmessen und im Topf auf etwa 175 ml einkochen lassen.
Das Gänsefleisch von Haut und Knochen befreien und klein schneiden. Die **THYMIANBLÄTTCHEN** von den Zweigen streifen.
Das ausgelöste Fleisch, die eingekochte Brühe, das **GÄNSESCHMALZ** und das abgeschöpfte Gänsefett vermischen und mit Thymian, **PFEFFER** und **SALZ** würzen.
Die Rillette ohne Lufteinschlüsse in heiß ausgespülte Gläser oder andere luftdicht verschließbare Gefäße füllen, sofort fest verschließen und mindestens 2 Tage durchziehen lassen.

ZUBEREITUNGSZEIT:
40 Min., 2 Std. Garzeit,
2 Tage Durchziehzeit

FÜR 4 GLÄSER À 250 ML

2 Gänsekeulen (à ca. 500 g)
1 Rosmarinzweig
1 EL schwarze Pfefferkörner
2 getrocknete Lorbeerblätter
3 Gewürznelken
4 Wacholderbeeren
4 Thymianzweige
75 g Gänseschmalz
frisch gemahlener schwarzer Pfeffer
Salz

TIPP: **Kühl und dunkel aufbewahrt hält sich die Rillette etwa 6 Wochen.**

Was ist drin im Speck?

Sagen wir's, wie's ist: Speck besteht größtenteils aus Fett, daran lässt sich nicht rütteln. Als effektivster aller Energieträger liefert Fett mit gut 9 Kilokalorien pro Gramm mehr als doppelt so viele Kalorien wie die gleiche Menge Kohlenhydrate oder Eiweiß. Wie viel Fett im Speck steckt, variiert von Sorte zu Sorte.

Dem reinen Speck von Rücken und Kamm sieht man bereits an, dass er deutlich fetthaltiger ist als ein gut durchwachsener Bauchspeck oder gar ein noch magererer Schinkenspeck. Und tatsächlich verzeichnet er satte 740 Kilokalorien auf 100 Gramm, vergleichsweise kümmerliche 340 Kilokalorien sind es noch beim Schinkenspeck.

Und da wir schon bei seinen Schattenseiten sind: Ja, der größte Anteil seines Fetts besteht aus gesättigten Fettsäuren, die als wenig gesundheitsfördernd gelten. Und nochmals ja, Speck liefert auch Cholesterin – und das nicht gerade wenig. Reden wir hier etwa vom fleischgewordenen Grauen?

Mal ehrlich: Dass Speck zum Diätlebensmittel taugt, hat vermutlich niemand erwartet. Doch wer sich nur hin und wieder ein mehr oder weniger großes Stück gönnt, dem zeigt sich der leckere Happen von seiner Schokoladenseite, und zwar als unvergleichlich potenter Geschmacksträger. Fein dosiert tut er selbst der Gesundheit Gutes, denn was so unwiderstehlich duftet und schmeckt, das erdet im hektischen Alltag, entspannt Körper und Geist – und zaubert ein glückseliges Lächeln auf jedes Gesicht.

Da kommt es gerade recht, dass vor allem der fette Speck seinen Reiz sowieso lieber in Miniportiönchen entfaltet, wie es zum Beispiel hauchdünn geschnittener würziger Lardo auf knusprig geröstetem Brot tut.

In größeren Mengen dagegen wird er bei den meisten Feinschmeckern vermutlich keine kulinarischen Begeisterungsstürme auslösen und somit kaum für Kilozuwachs verantwortlich zu machen sein.

Vom gut durchwachsenen Speck dagegen, also dem Speck, der auch mal in größeren Portionen in Topf und Pfanne landet, darf es hin und wieder auch mal ein bisschen mehr sein. Ihm kann man immer noch zugutehalten, dass in seinem Fleischanteil wertvolle Proteine stecken – und zwar bis zu 15 Gramm pro 100 Gramm, darin zudem ein wenig gut verwertbares Eisen und Zink. Auch bezogen auf die Kalorien macht er eine bessere Figur als fetter Speck.

Doch ob viel oder nicht ganz so viel Fett, eines ist sicher: Speck bleibt Speck – und bleibt saulecker.

Schwarte von praktischer Warte

Manchmal hat man nach dem Kochen ein Stück Speckschwarte übrig. Per definitionem handelt es sich dabei um Teile der am Speck anhaftenden dicken Haut des Schweins. Was macht man nun damit, wenn man sie nicht einfach wegwerfen will, kein Metzger ist, der sie fein zerkleinert in die Wurstmasse mischt, oder keinen Betrieb besitzt, wo Schwarte in Gelatine verwandelt wird? Schwarte kann man als geschmacksgebende Zutat in Eintöpfen verwenden, und nach langem Kochen wird sie tatsächlich weich. Aber traditionell wird sie trotzdem nicht mitgegessen und vor dem Servieren herausgefischt. Ratlos hat man sie also vor sich liegen – doch glücklicherweise standen schon frühere Generationen vor derselben Situation und haben für diverse Gelegenheiten die Schwarte als Problemlöser entdeckt.

Warte, Schwarte, das könnte jetzt auf dich zukommen:

Der Pfannkuchen bleibt in der Pfanne kleben: Die warme Pfanne vor dem Backen mit der Schwarte ausreiben und dann zur Sicherheit zusätzlich noch etwas Fett hineingeben. Und nach dem Spülen der Pfanne – am besten immer nur mit heißem Wasser – wieder die Innenfläche mit Schwarte ausreiben. Dann klappt's beim nächsten Braten, egal wovon, gleich schon viel besser.

Die Ostereier sind schön bunt, aber stumpf: Je nach Art der verwendeten Farben können bunte Ostereier recht unattraktiv wirken, weil die Farben nicht strahlen. Dann einfach kurz mit Speckschwarte einreiben und schon haben sie einen unwiderstehlichen Glamour.

Das Nudelwasser kocht über: Man gibt ein Stück Schwarte mit in den Topf und das austretende Fett mindert die Schaumbildung. Vorteil: Die Nudeln werden zusätzlich aromatisiert und haften nicht so sehr aneinander. Nachteil: Für Vegetarier ist das keine Option – sie sollten lieber Olivenöl nehmen.

Die Waffeln pappen im Waffeleisen an: Wenn man die heißen Innenflächen des Eisens vor jedem Teigeinfüllen kurz mit Schwarte ausreibt, lassen sich alle Waffeln nach dem Backen locker-leicht herausnehmen. Und der Duft!

Die Wurst bleibt am Grillrost kleben: Das heiße Metall ab und zu mit Schwarte einreiben und schon lässt sich alles Fleischliche bequem wenden und abnehmen.

Brot oder Kuchen bleibt in der Kastenform stecken: Selbstverständlich muss man die Form vor dem Einfüllen des Teiges immer ausfetten, sofern sie nicht antihaftbeschichtet ist. Auch hier leistet eine Speckschwarte beste Dienste und steuert obendrein noch eine Spur Aroma bei.

Heimwerker haben viele weitere Möglichkeiten gefunden, Schwartenreste zu Ehren kommen zu lassen: Sie machen rostige Sägeblätter wieder gängig und lassen rostige Schlittenkufen wieder wie der Blitz durch den Winter gleiten.

Und wenn mal ein schweres Möbelstück verrückt werden muss, zum Schieben einfach Schwartenstücke unter die Stellen schieben, wo Kontakte zum Boden vorhanden sind. Obacht: Nachher gut wischen, sonst rutscht man selbst noch (aus).

Ungarisches Gänsegulasch

Das Schmalz verleiht dem mageren Brustfleisch den nötigen Schmelz.

Das **GÄNSEBRUSTFLEISCH** auslösen und ohne Haut (anderweitig verwertbar, z.B. als Eintopfzutat) in 3 cm große Stücke schneiden. Von der **ZITRONE** die Schale in feinen Streifen hauchdünn und ohne das bittere Weiße darunter abschneiden. **ZWIEBELN** und **KNOBLAUCH** schälen und in Ringe beziehungsweise Scheiben schneiden. Die **PAPRIKASCHOTE** putzen und in Streifen schneiden. Den **KÜMMEL** grob hacken.
GÄNSESCHMALZ in einer großen Pfanne erhitzen. Zwiebeln und Knoblauch darin goldgelb braten und herausnehmen. Das Fleisch hineingeben und scharf anbraten. Mit **SALZ** und **PFEFFER** würzen. **PAPRIKAPULVER** darüberstäuben, einmal durchrühren und die Zwiebelmischung wieder hineingeben. Nun Kümmel und Zitronenschale hinzufügen und 2–3 Minuten mitbraten. Mit **WEIN** ablöschen und die **TOMATEN** sowie die Paprikastreifen zufügen. Einmal aufkochen und dann 1 ½ Stunden köcheln lassen. 10 Minuten vor Ende der Garzeit den größten Teil des **MAJORANS** und **BEIFUSS** einrühren. Zuletzt mit **SALZ** und **PFEFFER** und eventuell einigen Tropfen **ZITRONENSAFT** herzhaft abschmecken und mit den restlichen **MAJORANBLÄTTCHEN** bestreuen.

ZUBEREITUNGSZEIT:
25 Min., 1 Std. 30 Min. Garzeit

FÜR 4–6 PORTIONEN

ca. 1 kg Gänsebrust
1 Biozitrone
4 große Zwiebeln
4 große Knoblauchzehen
1 große grüne Paprikaschote
1 TL Kümmelsamen
4–6 EL Gänseschmalz
Salz
frisch gemahlener schwarzer Pfeffer
2 gehäufte EL edelsüßes Paprikapulver
300 ml trockener Rotwein
1 Dose stückige Tomaten (400 g)
3 TL frische Majoranblättchen
1 TL getrockneter Beifuß

Sächsisches Zwiebelfleisch

Das rosafarbene Hachsenfleisch ohne Fettdeckel ist wunderbar zart und sehr mager.

ZUBEREITUNGSZEIT:
30 Min., 2 Std. 50 Min. Garzeit

FÜR 4 PORTIONEN

1,5 kg gepökelte Schweinehachse
100 g Möhren
100 g Petersilienwurzel
300–400 g Zwiebeln
2 Gewürznelken
1 TL schwarze Pfefferkörner
einige getrocknete Lorbeerblätter
60 g Schweineschmalz
2 Msp. Kümmelsamen
1 Tropfen Öl
1 EL Semmelbrösel
Salz
frisch gemahlener schwarzer Pfeffer
Zucker

SCHWEINEHACHSE in einem Kochtopf mit Wasser bedecken. **MÖHREN** und **PETERSILIENWURZEL** grob zerteilen. **ZWIEBELN** schälen. In eine Zwiebel die **NELKEN** hineindrücken. Möhren, Petersilienwurzel und gespickte Zwiebel mit **PFEFFERKÖRNERN** und **LORBEERBLÄTTERN** zur Hachse geben. Aufkochen, Deckel halb auflegen und bei schwacher Hitze 2–2 ½ Stunden sanft kochen lassen. Das Fleisch herausnehmen und die Brühe durch ein Sieb geben.

Restliche Zwiebeln in Scheiben schneiden. Das **SCHMALZ** in einer Pfanne erhitzen und die Zwiebeln darin hell andünsten (auf keinen Fall dunkel werden lassen). 250 ml von der Brühe einrühren und etwa 20 Minuten köcheln lassen. Währenddessen den **KÜMMEL** als kleinen Haufen auf die Arbeitsfläche geben, das **ÖL** aufträufeln und den Kümmel mit einem großen Küchenmesser hacken (das Öl verhindert dabei das Wegspringen des Kümmels). Die **SEMMELBRÖSEL** in die Sauce rühren und mit **SALZ, PFEFFER,** Kümmel und **ZUCKER** abschmecken.

Die Hachse entbeinen und die dicke Fettauflage vom mageren Fleisch entfernen. Das Fleisch in große Stücke teilen und in der Sauce servieren. Dazu passen Kartoffelklöße oder Kartoffelpüree.

Who is who – international

Andere Länder, andere Sitten – beim Speck gilt das nur bedingt. Gesalzen oder gepökelt, geräuchert und getrocknet werden Speckspezialitäten überall dort, wo es Speck gibt. Den Unterschied indes machen regionaltypische Gewürze, und manchmal sind es auch besondere Reifebehältnisse, die das Produkt einmalig machen.

[BACON] Englischer Bacon wird aus den Kotelettsträngen mit dem anhaftenden Rückenspeck fetter Fleischschweine geschnitten. Im Unterschied zu Frühstücksspeck wird bei ihm auch etwas Bauchfleisch verwendet. Im Handel nimmt man das nicht immer so genau und setzt häufig Bacon mit Frühstücksspeck gleich. Nach einer achttägigen Pökelphase und einer anschließenden zweitägigen Kalträucherung ist der Speck verzehrfertig. Er wird meist in dünne Scheiben geschnitten angeboten und ist kurz gebraten die ideale Abrundung des klassischen englischen Frühstücks.

[SPECK VOM IBÉRICO-SCHWEIN] Der delikate nussige Geschmack des Specks der begehrten spanischen Schweinerasse Ibérico Puro ist Ergebnis ihrer Ernährung: Für die beste Qualität dieses Specks fressen die in weitläufigen Kork- und Steineichenwäldern freilaufenden Tiere fast ausschließlich Eicheln, Gräser und Kräuter. Sechs Monate wird dieser fette Bauchspeck mit Salz und Knoblauch gereift und bekommt dadurch eine zartschmelzende Struktur. Nachahmer dieser Spezialität produzieren mit anderen Rassen und in anderen Regionen ähnliche Qualitäten.

[LARDO] Die Herstellung von italienischem Lardo gleicht der von Kübelspeck (siehe auch Seite 94). Sehr fetter weißer Speck von entsprechend fetten Schweinerassen, die eine Rückenspeckdicke von mindestens 5 Zentimetern aufweisen können, wird dafür benötigt. In große eckige Stücke geschnitten, wird der Speck dann mit reinem Salz eingerieben und mit Gewürzen wie Lorbeerblättern, Salbei, Oregano, Rosmarin, Muskat, Pfeffer, Knoblauch und Wacholderbeeren in Gefäße geschichtet, die für den echten Lardo aus dem berühmten Carrara-Marmor sein müssen.

Für den legendären auf der Zunge zergehenden Lardo di Colonnata aus der Toskana, der von Kennern als der beste Speck der Welt bezeichnet wird, muss dieser Marmor besonders großporig sein. Nur bestimmte Schweinerassen aus den Gegenden, denen auch der Parmaschinken entstammt, kommen dafür infrage. Mit Marmorplatten beschwert, reift er viele Monate in diesen Conche genannten Trögen, die den notwendigen Luftaustausch zur Reifung zulassen. Ergebnis ist ein zarter, nach Walnuss schmeckender Speck mit leichter Süße, der auf der Zunge zergeht.

Aus dem Aostatal stammt der Lardo di Arnad, der sich vor allem durch seine Art der Lagerung

vom Lardo di Colonnata unterscheidet. Der Lardo di Arnad reift in kastenförmigen Kastanienholzbehältern, die ihr Aroma im Laufe der Reifung an den Speck abgeben.

[PANCETTA] Für den würzigen italienischen Speck reift durchwachsener Bauchspeck mit italienischen Gewürzen, Kräutern und Salz; Fenchel, Rosmarin, Salbei und Muskatnuss sind typische Beigaben. Anschließend muss er nur an der Luft trocknen. Da dieser Speck in den seltensten Fällen geräuchert wird, ist er meist im Geschmack besonders mild.

Magere Schweinebauchstücke verarbeitet man zu Pancetta arrotolata, dessen magere und fette Schichten aufgerollt nach dem Aufschneiden ein schönes Spiralmuster ergeben. Sie ziert dann dekorativ Antipastiteller, Brote oder Pizza. Der Pancetta stesa besteht aus den fetteren Stücken des Schweins und wird als flaches Stück angeboten, bei dem sich das Fett dann nur auf einer Seite befindet. Er verleiht Saucen und anderen Gerichten ein zartes Aroma, ohne dominant zu sein. Unverzichtbar ist der Pancetta für Spaghetti alla carbonara.

[KLAUSENBURGER SPECK (KOLOZSVÁRI SZALONNA)] Auch bei diesem Speck aus Ungarn handelt es sich streng genommen um Schinken, denn dafür nimmt man das fleischig durchwachsene, weniger fette Rippenstück vom Schwein. Nach dem Pökeln mit Pökelsalz und dem gleichzeitigen Aromatisieren mit Knoblauch folgen eine Kalträucherphase und die Trocknung. Genossen wird die Trockenfleischspezialität in sehr dünne Scheiben geschnitten auf Brot oder wie Frühstücksspeck gebraten. Sie wird oft auch zum Aromatisieren oder als Fleischanteil bei Gerichten verwendet.

[SALO] Dieser aus Russland und der Ukraine stammende Speck erinnert in der Herstellung und im Geschmack an den italienischen Lardo. Sehr fette Schweine liefern den dafür nötigen 6 bis 10 Zentimeter dicken Rückenspeck, der mit oder ohne Schwarte mit Salz, Pfeffer, Knoblauch oder Paprikapulver eingerieben in Holzfässern gelagert und gepresst wird. Dort reift er manchmal mehr als ein Jahr, bevor er genussreif ist, manchmal wird er anschließend noch geräuchert. Auf Schwarzbrot und zu Wodka ist er beliebt, gewürfelt und gebraten bildet er eine beliebte Zugabe zu Borschtsch und ausgelassen dient er als Bratfett, während die Grieben eine leckere Beigabe zu Bratkartoffeln sind. In der Ukraine mag man ihn – die Geschmäcker sind nun mal sehr verschieden – auch sehr gern in Schokolade getunkt.

Belgische Pommes frites

Nicht die Zubereitungstechnik ist typisch belgisch, sondern der Rindertalg im Frittierfett.

ZUBEREITUNGSZEIT:
30 Min.

FÜR 1 PORTION

100 g große mehligkochende Kartoffeln (geschält gewogen)
750 ml pflanzliches Frittierfett
250 g Rindertalg (siehe Tipps)
Salz
edelsüßes Paprikapulver
frisch geriebene Muskatnuss

Die **KARTOFFELN** zu Stäbchen mit einer Kantenlänge von 1 cm schneiden. Abspülen und mit einem Tuch oder Küchenkrepp trocken tupfen. Das **FRITTIERFETT** und den **TALG** in einer Fritteuse auf 140–150 °C erhitzen. Die Kartoffeln für 2 Minuten hineingeben. Gelegentlich den Korb schütteln oder mit einem Löffel durchrühren, damit keine Teile aneinanderhaften. Pommes herausnehmen und über dem warmen Öl oder im auf 80 °C Ober- und Unterhitze vorgewärmten Backofen abtropfen und langsam abkühlen lassen.
Die Kartoffeln nun bei 175 °C 3–4 Minuten ein zweites Mal frittieren. Dann herausnehmen und wieder in einer warmen Umgebung abtropfen lassen. Etwas **SALZ** und **PAPRIKAPULVER** zu gleichen Teilen mischen und eine kleinere Menge **MUSKATNUSS** hinzufügen. Die frittierten Kartoffeln damit bestreuen und gut durchschütteln.
Mit den Klassikern Mayo und Ketchup servieren – in Belgien kennt man übrigens ein gutes Dutzend unterschiedlichster Saucen.

TIPPS: Rindertalg ist auf Vorbestellung bei manchen Metzgern oder über das Internet erhältlich. In ländlichen Regionen gibt es bei einigen Bauern nach den Schlachttagen frisches Rinderfett, man muss es dann aber selbst auslassen (Infos dazu finden Sie im Internet). Je nach Geschmack kann man auch mehr oder weniger Rindertalg verwenden. Für 100 g Kartoffeln berechnet man generell etwa 1 l Frittierfett.

Torta fritta

Auch Gnoccho fritto genannte frittierte Gebäckspezialität aus der Emilia Romagna.

Das **MEHL** gut mit dem **SALZ** vermischen. Das **SCHWEINESCHMALZ** grob würfeln und dazugeben. Die **MILCH** lauwarm erwärmen, mit 75 ml lauwarmem Wasser vermischen und die **HEFE** darin auflösen. Zu der Mehlmischung geben und mindestens 5 Minuten mit den Händen oder mit der Küchenmaschine gründlich verkneten.
Wenn der Teig zu fest ist, noch etwas lauwarmes Wasser dazugeben. Mit Frischhaltefolie abdecken und gut 2 Stunden bei Zimmertemperatur gehen lassen.
Dann den Teig mit dem Nudelholz oder der Nudelmaschine etwa 3 mm dick ausrollen. Mit einem Teigrädchen Rauten oder Rechtecke beliebiger Größe ausrädeln.
Das Schmalz zum Frittieren in einem großen Topf oder einer Fritteuse auf 140–150 °C erhitzen und die Torta fritta portionsweise frittieren.
Zu Schinken oder kräftigem Käse genießen.

ZUBEREITUNGSZEIT:
40 Min., 2 Std. Gehzeit

FÜR 6 PORTIONEN

400 g Weizenmehl (Type 405)
½ TL Salz
50 g Schweineschmalz plus reichlich Schmalz zum Frittieren
75 ml Milch
½ Würfel frische Hefe (21 g)

Ausgelassen wie ein Stück Speck

Reiner Speck hat im Gegensatz zum durchwachsenen keinen Fleischanteil und besteht nur aus Bindegewebe und Fett. Beides lässt sich voneinander trennen. Diesen Vorgang nennt man auslassen – das Fett wird aus dem Bindegewebe herausgeschmolzen. Wie macht man das und warum überhaupt? Das Wie ist schnell erklärt: Der Speck – meistens vom Schwein oder auch eine fettreiche Partie von der Gans oder Ente – wird am besten in kleine Würfel geschnitten und bei mäßiger (!) Hitze in einem Topf oder in einer Pfanne erhitzt. Zuerst werden die Würfel glasig, dann tritt nach und nach das Fett aus und zum Schluss liegen in der wasserklaren Flüssigkeit erbsengroße, weißliche bis bräunliche Bindegewebsstückchen, Grieben genannt. Alles zusammen duftet sehr charakteristisch und animierend.

Nun kommt es darauf an, was man vorhat. Man könnte jetzt die Grieben entfernen und im Fett zum Beispiel Bratkartoffeln zubereiten, wie unsere Großmütter es gern machten. Solche Bratkartoffeln werden meist unschlagbar gut, weil man die Herdplatte ordentlich heraufschalten kann, damit die Kartoffelscheiben schön knusprig werden. Denn dieses Fett ist sehr hitzestabil, kann hoch erhitzt werden und fängt im Vergleich zu anderen Fetten erst spät an zu rauchen. Deshalb lassen sich darin sehr gut auch Steaks kurzbraten oder dicke Bratenstücke von allen Seiten scharf anbraten (anschließend mit einer Flüssigkeit zum langen Schmoren ablöschen). Eine andere Möglichkeit besteht darin, das verflüssigte Fett durch ein Sieb in ein Gefäß zu geben. Dort erstarrt es, wird milchig-undurchsichtig und nennt sich jetzt Schmalz. Je brauner die Grieben wurden, desto dunkler ist auch das Schmalz – helles schmeckt aber deutlich eleganter. Schmalz hält sich wochenlang im Kühlschrank und bietet sich für zahlreiche kulinarische Unternehmungen an. Zum Beispiel nimmt man, wenn es etwas zu braten gibt, löffelweise davon ab und zerlässt es wieder. Oder man gibt vor dem Backen einen Esslöffel Schmalz in den Brot- oder Kuchenteig, der von dieser Aromaspende schmeckbar profitiert. Auch Eintöpfe freuen sich über eine kleine Gabe. Ein ganzer Topf voll Schmalz bietet sich zum Frittieren an, auch von süßem Gebäck, dann Schmalzgebäck genannt. Es duftet und schmeckt viel besser, als wenn man es in Öl getaucht hätte. In Frankreich liebt man Rillettes: Gegarte Fleischstücke werden vollständig in reichlich flüssiges Schmalz eingelegt, das dann fest wird und das Eingelegte für einige Zeit konserviert (Rezept siehe Seite 114).

Man muss die Grieben aber nicht heraussieben, man kann sie auch im Fett belassen, und wenn man dann noch etwas Salz und Pfeffer zugibt, hat man später ein wunderbares Griebenschmalz mit Knuspereffekt. Köstlich auf Brotstullen und als herzhaftes Kneipenschmankerl beliebt. Es gibt auch Varianten mit Zwiebeln, Äpfeln und Majoran (Rezept siehe Seite 113). Ein Kracher, wie er bodenständiger kaum sein könnte!

Fettbäder vor der Fastenzeit

Mit der ihr eigenen kulinarischen Ausgefeiltheit hatte schon die Küche der römischen Antike entdeckt, dass süßes Backwerk viel besser schmeckt, wenn man es in Schweineschmalz zubereitet. So schwärmte der Politiker Cato von kleinen, in Schweineschmalz gebackenen Schnittchen, die anschließend mit Honig gesüßt und mit Mohn bestreut wurden. Bei ihm findet sich die erste schriftliche Überlieferung des Schmalzgebäcks. Das bedeutet vor allem, dass unbestreitbar gut sein muss, was mehr als 2000 Jahre überdauert hat. Zum Beispiel werden die Kärntner Stangelkrapfen heute noch auf etwa dieselbe Weise beziehungsweise mit den gleichen Zutaten hergestellt – in Schmalz gebackener Teig wird mit Honig und Mohn zubereitet wie in der Antike.

Dass sich Schmalzgebackenes allgemein großer Beliebtheit erfreut, erkennt man schon am Variantenreichtum: Man denke nur an Apfelkrapfen (Apfelstücke in Hefeteig mit oder ohne Zimtzucker), Spritzkuchen oder Spritzringe (aus Brandteig hergestelltes Fettgebäck mit Zuckergussglasur), Ausgezogene (aus Hefeteig, der nach dem Gehen zu tellergroßen Fladen auseinandergezogen wird, so dass sich beim Backen in der Mitte eine Mulde bildet) oder an die berühmten Berliner Pfannkuchen (Hefeteig mit einer marmeladenartigen Füllung), die in Berlin Pfannkuchen heißen und überall sonst Berliner (ein Rezept findet sich auf Seite 130). So weit ein Auszug aus der nationalen Schmalzbackkultur. Jenseits unserer Grenzen geht es munter weiter: Mallorquiner lieben Bunjols aus einem Kartoffel-Hefeteig und Franzosen Beignets (verschiedene Fruchtstücke werden durch Brandteig oder Hefeteig gezogen und dann frittiert), während Bozener sich Crostoi einverleiben (Teigkissen mit einem Schuss Grappa) und Spanier auf ihre Churros (Brandteigstücke, die nach dem Frittieren gern in dickflüssige Schokolade getunkt und auch als Frühstück verspeist werden) stolz sind. Italiener lieben ihre knusprige Torta fritta (aus Hefeteig gebackene flache und in Rautenform geschnittene Stücke, Rezept siehe Seite 126.)

Die Liste ließe sich endlos fortsetzen. Denn Schmalzgebäck schmeckt zu jeder Jahreszeit und befeuerte deshalb die Kreativität der Konditoren und Bäcker immer wieder aufs Neue. Warum aber hat es ausgerechnet zur Karnevalszeit seine Hochsaison und wird dann buchstäblich an jeder Ecke angeboten?

Der Begriff „Karneval" setzt sich aus „carne" – lateinisch für „Fleisch" – und „levare" – lateinisch für „weglassen" – zusammen. Vor dem Einsetzen der Fastenzeit, die ihren Ursprung in der Bibel hat, woraus die Kirchen ihr strenges Fastengebot für die Gläubigen herleiteten, wollten diese es noch einmal ordentlich krachen lassen. Und weil der Klerus sehr weit fasste, was die Gemeinde unter Fleisch zu verstehen hatte – nämlich auch andere tierische Produkte wie Eier, Butter und Schmalz – hat man vor Eintritt der Fastenzeit mit Freuden und sicher auch im Übermaß gegessen, was anschließend nicht mehr erlaubt war. Schmalz gab es zu Brot, es wurde aber vor allem für die Zubereitung dieses unwiderstehlichen Backwerks verwendet.

Glasierte Berliner

Bitte nicht in Öl frittieren, allein das Schmalz adelt dieses Gebäck.

Die **MILCH** erwärmen und die **BUTTER** hineinrühren, bis sie sich aufgelöst hat. In der Zwischenzeit das **MEHL** durch ein Sieb in eine Rührschüssel schütten, mit der **HEFE** vermischen und dann mit **ZUCKER, VANILLEZUCKER, RUM, SALZ, EIERN** und **EIGELB** vermengen. Die Milchmischung zufügen. Mit den Knethaken des Rührgeräts 1 Minute langsam, dann auf höchster Stufe in etwa 5 Minuten zu einem glatten Teig verarbeiten. Den Teig zugedeckt bei Zimmertemperatur 50–60 Minuten gehen lassen. In dieser Zeit sollte er sein Volumen verdoppeln.

Den Teig auf der **BEMEHLTEN** Arbeitsfläche nochmals ganz kurz durchkneten und in 16 gleich große Portionen teilen. Jedes Stück zu einer Kugel mit durchgehend glatter Oberfläche rollen. Ein Tuch mit etwas **MEHL** bestäuben, die Kugeln daraufsetzen und mit einem zweiten **BEMEHLTEN** Tuch bedecken. 20–30 Minuten gehen lassen.

Das **SCHMALZ** in einer Fritteuse oder einem großen Topf auf 140–150 °C erhitzen. Die Teigstücke portionsweise mit der Unterseite nach oben in das Schmalz geben. Wenn die frittierte Hälfte goldbraun geworden ist, die Gebäckstücke wenden und weiterbacken, bis sie gleichmäßig Farbe haben. Herausnehmen und auf Küchenpapier abtropfen lassen.

Das **GELEE** glatt rühren, in einen Spritzbeutel mit enger Tülle füllen und seitlich in die Berliner spritzen. Mit einem Schneebesen den **PUDERZUCKER** mit etwas **SAFT** verrühren und nach und nach weiteren Saft zufügen, bis eine leicht flüssige Masse entstanden ist. Mit einem Backpinsel auf die Berliner streichen oder mit einem Löffel darüberträufeln. Die Berliner auf einen Küchenrost legen, bis die Glasur getrocknet ist.

ZUBEREITUNGSZEIT:
30 Min., 1 Std. 20 Min. Gehzeit

FÜR CA. 16 STÜCK

125 ml Milch
100 g Butter (ersatzweise Margarine)
500 g Weizenmehl (Type 550) plus Mehl für die Arbeitsfläche
1 Pck. Trockenhefe
30 g Zucker
1 Pck. Vanillezucker
1 TL Rum
1 gestr. TL Salz
2 Eier
1 Eigelb
1 kg Schweineschmalz oder mehr
300 g Johannisbeergelee
300 g Puderzucker
5–6 EL Ananas- oder Kirschsaft

Ostpreußischer Honigkuchen

Der Teig verlangt nach viel, viel Ruhezeit.

Die **EIER** mit dem **ZUCKER** schaumig rühren, dann das **MEHL** einrühren. **HONIG** und **GÄNSESCHMALZ** zusammen erwärmen und ebenfalls unterrühren. **ZITRONAT** und **ORANGEAT** fein würfeln, zusammen mit **ZIMT, NELKEN, ZITRONENSCHALE, GEHACKTEN MANDELN** und **BITTERMANDELÖL** zugeben und alles zu einem glatten Teig verrühren.
Das **NATRON** in etwas Wasser auflösen und mit dem Teig vermischen. Mit den Händen gut verkneten, anschließend mit etwas **MEHL** bestreuen und mindestens 8 Tage, besser 2–3 Wochen, an einem kühlen Ort abgedeckt ruhen lassen.
Ein Backblech mit etwas **FETT** bepinseln und ebenfalls mit etwas **MEHL** bestreuen. Den Teig darauf glatt verstreichen und 1 Stunde an einem warmen Ort gehen lassen. Den Backofen auf 180 °C Ober- und Unterhitze (160 °C Umluft) vorheizen.
Das **EIGELB** mit etwas Wasser verquirlen und den Teig damit bestreichen. Die **MANDELN** mit kochendem Wasser übergießen, kurz stehen lassen und dann aus den Schalen drücken. Mandeln halbieren und auf dem Teig verteilen. Den Honigkuchen etwa 30 Minuten backen, dann abkühlen lassen und in Stücke schneiden.

TIPP: **Der Honigkuchen kann sofort verzehrt werden, hält sich aber in verschlossenen Blechdosen auch mehrere Wochen.**

ZUBEREITUNGSZEIT:
30 Min., 1 Std. Gehzeit, 30 Min. Backzeit, 2–3 Wochen Ruhezeit

FÜR 1 BACKBLECH

3 Eier
200 g Zucker
500 g Weizenmehl (Type 550) plus etwas Mehl zum Bestreuen
500 g flüssiger Honig
200 g Gänseschmalz
50 g Zitronat
50 g Orangeat
1 Prise Zimt
1 Prise gemahlene Gewürznelken
abgeriebene Schale von 1 Biozitrone
125 g gehackte Mandeln
3 Tropfen Bittermandelöl
20 g Natron
Fett für das Blech
1 Eigelb
100 g Mandeln

BEHUTSAM DOSIERT

Hier verliert sich der Speck ganz oder weitgehend während der Zubereitung. Zurück bleiben Aroma und Duft.

Dim Sum mit Garnelenfüllung

Dim Sum bedeutet übersetzt: kleine Gerichte, die das Herz berühren.

INGWER und **KNOBLAUCH** schälen und mit **SPECK**, **WASSERKASTANIEN** und **FRÜHLINGSZWIEBEL** grob hacken. Alles zusammen mit den **GARNELEN**, dem **SHERRY**, der **MAISSTÄRKE**, **SALZ**, **ZUCKER**, **SESAMÖL** und **EIWEISS** in einen Mixer geben und pürieren. Alternativ mit einem Pürierstab pürieren.
Jeweils 1 EL der Füllung auf die Mitte eines **WAN-TAN-BLATTS** setzen und die Ränder ringsherum hochziehen. Das Täschchen zwischen Daumen und Zeigefinger klemmen und eine leichte „Taille" hineindrücken. Gleichzeitig mit der freien, etwas angefeuchteten Hand die Füllung oben glatt drücken.
Wasser in einem Wok oder einem großen Topf zum Kochen bringen und einen Bambusdämpfer mit Backpapier auslegen. Die Dim Sum in ausreichendem Abstand hineinsetzen, den Deckel des Dämpfers aufsetzen und die Dim Sum etwa 15 Minuten dämpfen. Nach der Hälfte der Zeit die Dämpfeinsätze umsetzen, sodass der oberste Einsatz unten ist.
SOJASAUCE, **CHILIÖL** und **SESAM** miteinander verrühren und zu den Päckchen servieren.

TIPP: **Wenn Sie keinen Bambusdämpfer haben, bereiten Sie die Dim Sum am besten im Dämpfeinsatz des Woks zu.**

ZUBEREITUNGSZEIT:
20 Min., 15 Min. Garzeit

FÜR 4 PORTIONEN

1 Stück Ingwer (ca. 1 cm lang)
1 Knoblauchzehe
20 g grüner Speck
3 Wasserkastanien (aus der Dose)
1 Frühlingszwiebel, nur das Weiße und Hellgrüne
250 g große Garnelen, geschält und entdarmt
2 TL trockener Sherry
2 TL Maisstärke
Salz
1 Prise Zucker
ein Schuss Sesamöl
1 Eiweiß
20 TK-Wan-Tan-Blätter (aus dem Asialaden)
100 ml Sojasauce
etwas Chiliöl
1 TL Sesamsamen

Litauische Piroggen

Hier schmeckt die deftige Füllung kraftvoll durch und zergeht auf der Zunge.

Aus **MEHL, EIERN** und etwa 3 EL Wasser einen gleichmäßigen Teig herstellen. Die **ZWIEBEL** schälen und fein reiben. Die **BUTTER** in einer kleinen Pfanne zerlassen und die Zwiebel darin glasig andünsten. Beide **HACKFLEISCHSORTEN** mit **RINDERTALG** und gedünsteter Zwiebel zu einer glatten Masse verarbeiten. Mit **SALZ, PFEFFER** und **MAJORAN** würzen. Den Teig dünn ausrollen und mit einer kleinen Tasse oder einer runden Ausstechform Scheiben ausstechen. In die Mitte jeder Scheibe 1 TL Füllung geben und die Teigränder darüber fest zusammendrücken. Mit den Zinken einer Gabel das typische Muster eindrücken. Die Piroggen in kochendes **SALZWASSER** geben, aufsteigen lassen und in nur noch leicht siedendem Wasser weitere 5–6 Minuten garen. Mit einem Schaumlöffel herausnehmen und gut abtropfen lassen.

Die Piroggen zum Beispiel mit Salatblättern und Tomatenachteln auf Tellern anrichten. Man kann sie nach dem Kochen auch in glasig angedünsteten Zwiebeln schwenken oder sie mit einer würzigen Sauce, zum Beispiel aus Tomaten, servieren.

ZUBEREITUNGSZEIT:
40 Min.

FÜR 4 PORTIONEN

250 g Weizenmehl (Type 550)
2 Eier
1 Zwiebel
1 EL Butter
200 g Rinderhackfleisch
100 g Lammhackfleisch aus der Keule
150 g Rindertalg
Salz
frisch gemahlener schwarzer Pfeffer
1 gute Prise getrockneter Majoran

TIPP: **Rindertalg gehört auch bei Metzgern nicht unbedingt zum Standardangebot und muss eventuell vorbestellt werden.**

Italienischer Gemüse-Linsen-Eintopf

Die Kräuterwürze von italienischem Pancetta wird durch ein Sträußchen italienischer Kräuter unterstützt.

ZUBEREITUNGSZEIT:
20 Min., 30 Min. Einweichzeit, 45 Min. Garzeit

FÜR 4 PORTIONEN

250 g braune Linsen (z. B. Berglinsen)
1 Zwiebel
1 Möhre
1 Stange Staudensellerie
1 kleine Lauchstange
6 EL Olivenöl
100 g ungeräucherter Pancetta am Stück
1 Bund Salbei
1 Rosmarinzweig
1 Thymianzweig
1 getrocknetes Lorbeerblatt
1,5 l Fleischbrühe
Salz
1 EL Butter
frisch gemahlener schwarzer Pfeffer

Die **LINSEN** 30 Minuten in kaltem Wasser einweichen und anschließend abtropfen lassen.
In der Zwischenzeit **ZWIEBEL** und **MÖHRE** schälen. Möhre, **SELLERIE** und **LAUCH** putzen. Das gesamte Gemüse fein hacken.
Die Hälfte vom **OLIVENÖL** in einem Topf erhitzen, dann Gemüse und **PANCETTA** dazugeben. Alles 5–10 Minuten weich braten, aber nicht bräunen lassen.
2–3 **SALBEIZWEIGE** zurückbehalten, die übrigen Zweige zusammen mit **ROSMARIN, THYMIAN** und **LORBEERBLATT** mit Küchengarn zu einem Sträußchen zusammenbinden und mit den Linsen zum Gemüse geben. Unter Rühren etwa 5 Minuten braten, bis das Gemüse beginnt, sich am Topfboden anzusetzen.
Die **BRÜHE** in einem großen Topf erhitzen. 1 l der erhitzten Brühe zu den Linsen geben und aufkochen. Alles bei schwacher Hitze etwa 45 Minuten köcheln lassen, bis die Linsen weich sind. Das Kräuterbund und den Pancetta aus der Suppe nehmen. Mit **SALZ** abschmecken. Den restlichen **SALBEI** in der **BUTTER** knusprig braten.
Den Pancetta nach Wunsch würfeln und zusammen mit dem gerösteten Salbei über die Suppe streuen. Mit dem restlichen **OLIVENÖL** aromatisieren und mit **PFEFFER** würzen.

Deftige Bratkartoffeln mit Blutwurst

Hier kommen zwei zusammen, die vereint unwiderstehlich duften: Schmalz und Majoran.

Einige Stunden vorher die **KARTOFFELN** mit dem **KÜMMEL** in leicht **GESALZENEM** Wasser garen. Kartoffeln abgießen, kalt abschrecken und abkühlen lassen, dann pellen und in Scheiben schneiden. Die **ZWIEBELN** schälen und in Halbmonde schneiden.
Die Kartoffeln in 2 EL **SCHMALZ** in einer schweren Pfanne unter gelegentlichem Wenden etwa 10 Minuten goldgelb braten. Zwiebeln und **GRÜNEN PFEFFER** dazugeben. Dann mit **SALZ** und **SCHWARZEM PFEFFER** würzen. **MAJORAN** und **PETERSILIE** unter die Kartoffeln heben. Eventuell noch etwas Schmalz zugeben.
Die **BLUTWURST** in dickere Stücke schneiden und auf die Kartoffeln legen. Sie soll heiß werden und fast zerfallen. Dann sofort servieren.
Dazu passt Kopfsalat mit einem säuerlichen Sahnedressing.

ZUBEREITUNGSZEIT:
40 Min., einige Std. Abkühlzeit

FÜR 4 PORTIONEN

1 kg festkochende Kartoffeln
1 TL Kümmelsamen
Salz
2 rote Zwiebeln
3 EL Schweineschmalz
1 EL getrockneter grüner Pfeffer
frisch gemahlener schwarzer Pfeffer
2 EL frische Majoranblättchen
2 EL gehackte Petersilie
400 g Blutwurst im Naturdarm

Feine Leberklöße

Die Leber verlangt nach dem Speck, sonst wird das Ergebnis trocken.

Das **WEISSBROT** entrinden, in **MILCH** einweichen und ausdrücken. **MAJORAN** hacken, **SPECK** grob schneiden, **ZWIEBEL** schälen und grob hacken. Die **LEBER** waschen, Adern und Haut entfernen, grob schneiden. Zusammen mit Speck, Weißbrot und Zwiebel einmal durch eine grobe, dann durch die feine Scheibe des Fleischwolfs drehen. Mit **GRIESS, EIERN, SALZ, ZUCKER** und Majoran verkneten. Die Masse sollte formbar sein, sonst für mehr Festigkeit etwas **SEMMELBRÖSEL** zugeben. Daraus acht Klöße formen. In schwach siedendes **SALZWASSER** geben und etwa 15 Minuten ziehen lassen. Die gegarten Klöße mit einem Schaumlöffel herausnehmen und gut abtropfen lassen.
Leberklöße beispielsweise auf Sauerkraut mit Kartoffelpüree servieren oder als Einlage in einer klaren Rindfleischbrühe.

ZUBEREITUNGSZEIT:
40 Min.

FÜR 4 PORTIONEN

110 g Weißbrot
ca. 100 ml Milch zum Einweichen
1 EL frische Majoranblättchen
250 g grüner Speck
1 mittelgroße Zwiebel
250 g Kalbsleber
50 g Grieß
2 Eier
Salz
1 Prise Zucker
evtl. etwas Semmelbrösel

Rinderfilet mit Rotweinschalotten

Eine klassische Zubereitungsart, bei der das Spicken mit Speck für schmelzende Saftigkeit sorgt.

Eventuell vorhandene Häute vom **RINDERFILET** entfernen. Den **SPECK** in bleistiftdicke, daumenlange Streifen schneiden (Schwarte nicht verwenden). Die Streifen gleichmäßig mit einer Spicknadel der Filetform folgend mittig durch das Fleisch ziehen. **WACHOLDERBEEREN, THYMIAN** und **PFEFFER** zusammen mit **ÖL** im Mörser zu einer Paste verarbeiten. Die Paste auf das Fleisch streichen. Abgedeckt 1 Stunde stehen lassen.

Den Backofen auf 240 °C Ober- und Unterhitze (Umluft nicht empfehlenswert) vorheizen. Das Filet **SALZEN** und in eine mit Wasser ausgespülte Fettpfanne legen. In den Ofen schieben, die Temperatur nach 1 Minute auf 200 °C reduzieren. Nach etwa 25 Minuten den **RINDERFOND** angießen und mit etwas Flüssigkeit beschöpfen. 10–15 Minuten weitergaren.

In der Zwischenzeit die **SCHWARZWURZELN** schälen, längs und quer halbieren und sofort in schwach **GESALZENES** Wasser mit dem **ZITRONENSAFT** legen. In einem Topf Wasser zum Kochen bringen. Schwarzwurzeln darin ca. 10 Minuten sprudelnd kochen lassen. Herausnehmen und gut abtropfen lassen. In einer Pfanne die **BUTTER** auslassen. Schwarzwurzeln darin hellbraun anbraten. Mit **GEMÜSEBRÜHEPULVER, SALZ** und **PFEFFER** würzen. Die **SCHALOTTEN** schälen.

Das Rinderfilet herausnehmen und in Alufolie wickeln, mit einem Kissen bedecken und etwa 10–15 Minuten ruhen lassen. In der Zwischenzeit den Bratfond durch ein Sieb in einen Topf gießen, Schalotten und **ZUCKER** zufügen und den **ROTWEIN** einrühren. Aufkochen und die Schalotten 10 Minuten garen. Mit **SALZ** und **PFEFFER** würzen.

Das Filet mit einem scharfen Messer schräg in gut fingerdicke Scheiben schneiden und auf einer Servierplatte anrichten. Schwarzwurzeln und Schalotten dazulegen und alles mit **KERBEL** bestreuen.

Dazu passen Butterkartoffeln.

ZUBEREITUNGSZEIT:

40 Min., 1 Std. Ruhezeit, 35 Min. Backzeit

FÜR 4 PORTIONEN

1,5 kg Rinderfilet
150 g grüner Speck
1 EL Wacholderbeeren
1 ½ EL frische Thymianblättchen
grob gemahlener schwarzer Pfeffer
2 EL Öl
Salz
150 ml Rinderfond
250 g Schwarzwurzeln
2 EL Zitronensaft
1–2 EL Butter
½ TL Gemüsebrühepulver
250 g kleine Schalotten
2 EL Rohrohrzucker
120 ml trockener Rotwein (z. B. Badischer Spätburgunder)
Kerbelblättchen zum Bestreuen

Rinderbraten in Barolo

Für den richtigen Geschmack muss es unbedingt ein Barolo sein!

Den **RINDERBRATEN** mehrmals oben mit einem kleinen, spitzen Messer etwa 1 cm tief einschneiden. Die **KNOBLAUCHZEHEN** schälen und halbieren, den **LARDO** in Streifen schneiden. Den Braten mit beidem lardieren. **MÖHREN** schälen, Möhren und **SELLERIE** putzen und in Scheiben schneiden.

WACHOLDERBEEREN grob zerdrücken. **BAROLO** und **MARSALA** mit **PFEFFER**, Wacholderbeeren, **LORBEERBLÄTTERN, ZIMTSTANGE, NELKEN, ZUCKER, ROSMARIN** und **THYMIAN** zu einer Marinade verrühren. Braten und Gemüse in eine Schüssel geben, mit der Marinade bedecken und abgedeckt 12 Stunden im Kühlschrank marinieren. Dabei einmal wenden.

Dann das Fleisch herausnehmen, abtropfen lassen und mit **SALZ** und **PFEFFER** einreiben.

Die Marinade durch ein Sieb gießen, die Flüssigkeit auffangen und das Gemüse und die Kräuterzweige gut abtropfen lassen.

OLIVENÖL und **BUTTERSCHMALZ** in einer Pfanne erhitzen. Das Fleisch mit **MEHL** bestäuben und in der Pfanne anbraten. Dann Gemüse und Kräuterzweige aus der Marinade zugeben und mit anbraten.

Alles mit dem **COGNAC** ablöschen. Die Marinade und die **PETERSILIENZWEIGE** zugeben. Abgedeckt etwa 2 ½ Stunden schmoren. Braten und Kräuterzweige aus dem Topf nehmen, das Gemüse in der Sauce pürieren. Mit **SALZ** und **PFEFFER** abschmecken. Den Braten auf einer Servierplatte anrichten und die Sauce separat servieren.

Dazu passt eine mit Parmesan verfeinerte Polenta.

ZUBEREITUNGSZEIT:
15 Min., 12 Std. Marinierzeit, 2 Std. 40 Min. Garzeit

FÜR 4–6 PORTIONEN

1 kg Rinderbraten
2 Knoblauchzehen
50 g Lardo
2 Möhren
1 Stange Staudensellerie
10 Wacholderbeeren
750 ml Barolo
3 EL Marsala
1 TL Pfefferkörner
2 getrocknete Lorbeerblätter
1 Zimtstange
2 Gewürznelken
1 Prise Zucker
1 Rosmarinzweig
1 Thymianzweig
Salz
frisch gemahlener schwarzer Pfeffer
4 EL Olivenöl
3 EL Butterschmalz
2 EL Weizenmehl
2 EL Cognac
2 Petersilienzweige

Das Speckprinzip aller Würste

Was kommt nicht alles in die Wurst! Fleisch, Schwarten, Gewürze, Blut, Innereien, Saaten, Zwiebeln, Rosinen, Äpfel und Hilfsmittel wie Pökelsalz sind typische Zutaten. Je nach Wurstsorte stecken sie in unterschiedlicher Auswahl unter der Pelle. Nur eine Komponente ist immer dabei: der Speck. Könnte man nicht auf ihn verzichten? Denn dann wäre die Wurst als gefürchtetes Kalorienpaket endlich aus dem Schneider.

Nun, das mit den Kalorien stimmt zwar, aber ohne Speck wäre Wurst ein tragisches Missgeschick. Dafür gibt es zwei Gründe. Erstens: Sie würde nicht schmecken. Speck ist nämlich ein fantastischer Geschmacksträger, er transportiert neben den eigenen vor allem die Aromen der anderen Zutaten. Und in dieser Eigenschaft ist er erfahrungsgemäß durch nichts zu ersetzen, auch nicht durch mehr Gewürze oder Geschmacksverstärker. Zweitens: Der Speck unterstützt bei den Koch- und Brühwurstsorten maßgeblich die Bindung der Wurstmasse. Wenn im Zuge der Herstellung die Wurst erhitzt wird, verflüssigt sich das Fett und verteilt sich überall. Beim späteren Erkalten wird es dann wieder fest. Deshalb gibt sich die Wurst beim Kauen so schön geschmeidig, manchmal fast ein bisschen cremig und vermittelt auf diese Weise ein wohliges Mundgefühl.

Bei den Rohwurstsorten, die bei der Produktion nicht erhitzt werden, sorgt das durch das zugefügte Salz aus dem Fleisch gelöste Eiweiß für die Bindung. Weil aber das Fleisch in der Wurst bei einigen Sorten während der Reifung einen Teil seiner Flüssigkeit und damit viel Saftigkeit verliert, muss ordentlich Speck mit hinein. Er trägt dazu bei, dass trotz des fester gewordenen Fleischanteils der Biss schön weich und trotzdem kernig anmutet. Ohne Speck müsste man sich von der Wurst also keine Scheibe abschneiden.

Und wie macht man Wurst? Das Prinzip ist recht simpel. Angenommen, man will eine einfache, rohe Bratwurst herstellen: Fleisch und Speck werden durch den Fleischwolf gedreht; je feiner der Speck, desto fester die Bratwurst. Dann die Masse beispielsweise mit reichlich Pfeffer, Salz, Majoran, durchgepresstem Knoblauch und einem Hauch Piment gut vermengen. Einen Wurstfüllvorsatz auf den Fleischwolf stecken und ein mehrere Meter langes, gewässertes Naturdarmstück (beim Schlachter oder Metzgereibedarf im Internet bestellen) auf den Vorsatz schieben. Nun die Wurstmasse nach und nach in den in Gang gesetzten Fleischwolf stopfen und sie auf diese Weise in den Darm schieben. Das geht fast (leider nur fast) von allein. Alle 20 Zentimeter die entstehende Wurst kurz abdrehen. Nur wer ein Endlosexemplar möchte, das nachher als Schnecke in die Pfanne kommt, braucht lediglich zu füllen, zu füllen, zu füllen …

Wildschweinkeule mit gefüllten Bratäpfeln

Damit das Wildfleisch nicht zu trocken wird, muss von allen Seiten mit viel Speck nachgeholfen werden.

Die **ZWIEBELN** schälen und fein hacken. Die **WACHOLDERBEEREN** zerdrücken. Mit dem **ROTWEIN**, 150 ml Wasser, **SALZ** und **PFEFFER** vermischen. Die **WILDSCHWEINKEULE** waschen, trocken tupfen und 24 Stunden in der Marinade einlegen.

Den Backofen auf 220 °C Ober- und Unterhitze (200 °C Umluft) vorheizen. Das Fleisch aus der Marinade nehmen und abtropfen lassen. Die Marinade durch ein Sieb gießen und aufbewahren. Einen Bräter mit den **SPECK-SCHEIBEN** auslegen und das Fleisch darauflegen. Das **KOKOSFETT** zerlassen und noch heiß daraufträufeln. Im Ofen etwa 25 Minuten garen.

In der Zwischenzeit das **SUPPENGRÜN** putzen und klein würfeln. Zur Wildschweinkeule geben, etwas von der Marinade zugießen und 1 Stunde weitergaren. Währenddessen immer wieder mit der Marinade begießen.

Von den **ÄPFELN** einen Deckel abschneiden, das Kerngehäuse ausstechen und den **ZITRONENSAFT** in die Öffnungen träufeln. Die **BUTTER** in Flöckchen daraufsetzen. Die Äpfel in Alufolie wickeln und während der letzten 30 Minuten im Backofen mitgaren.

Nach Ende der Garzeit den Braten in Alufolie wickeln und warm halten. Den Bratfond ohne eventuelle Speckscheibenreste in einen Topf gießen, die restliche Marinade zugeben. Die **SPEISESTÄRKE** mit etwas kaltem Wasser anrühren, den Bratfond aufkochen, mit der Stärke andicken, einige Minuten köcheln lassen. Dann mit der **SAHNE** verfeinern und mit **SALZ** und **PFEFFER** abschmecken.

Die Äpfel mit den **PREISELBEEREN** füllen und auf einer Servierplatte anrichten. Den Braten ebenfalls auf einer Servierplatte anrichten und die Sauce dazu separat reichen. Alles zusammen servieren.

Dazu passt Lauch-Möhren-Gemüse.

ZUBEREITUNGSZEIT:
20 Min., 24 Std. Marinierzeit, 1 Std. 30 Min. Garzeit

FÜR 4 PORTIONEN

- **2 große Zwiebeln**
- **einige Wacholderbeeren**
- **250 ml trockener Rotwein**
- **Salz**
- **frisch gemahlener schwarzer Pfeffer**
- **1 kg Wildschweinkeule ohne Knochen**
- **60 g Bacon oder Frühstücksspeck**
- **30 g Kokosfett**
- **1 Bund Suppengrün**
- **3–4 säuerliche Äpfel**
- **3 EL Zitronensaft**
- **1 EL Butter**
- **1 EL Speisestärke**
- **4–5 EL Sahne**
- **3–4 EL Preiselbeeren**

TIPP: Anstelle der mit Preiselbeeren gefüllten Bratäpfel passen auch die Speck-Bratäpfel von Seite 32 sehr gut zum Wildschweinbraten.

Specklexikon

[SPECK SCHNEIDEN] Bei einem ganzen Stück Speck entfernt man zunächst die Schwarte, die zum Beispiel in Sauerkraut mitgekocht werden und anschließend noch andere gute Dienste leisten kann (siehe Seite 117). Wer würzigen Speck mag, lässt die Gewürzkruste dran, wer es milder mag, entfernt auch sie.

Wer schon einmal versucht hat, mit einem nicht ganz perfekt geschärften Messer Speck zu schneiden, kennt die Problematik: Das zähe, aber wenig feste Fett entzieht sich fast wie ein Kaugummi der Schneide, windet, dehnt und streckt sich und wird letztlich mehr auseinandergerissen als in akkurate Würfel oder Scheiben geschnitten. Mit einer kurzen Kältephase im Tiefkühlfach – 5 bis 10 Minuten reichen aus – wird er ausreichend fest, um ihn perfekt schneiden zu können. Durchwachsenen Speck immer gegen die Faser schneiden.

[SPECKSCHEIBEN BRATEN] Frühstücksspeck oder andere in dünnen Scheiben angebotene Specksorten können sich in der Pfanne beim Braten regelrecht einrollen. Dem kann dadurch abgeholfen werden, dass der Speck direkt vor dem Braten kurz in kaltes Wasser getaucht wird.

Originalausgabe

Becker Joest Volk Verlag GmbH & Co. KG

Bahnhofsallee 5, 40721 Hilden

1. Auflage September 2015

ISBN 978-3-95453-085-4

AUTOREN: Bettina Snowdon, Martin Lagoda

FOODFOTOGRAFIE UND TITELFOTO: Wolfgang Schardt

FOODSTYLING: Susanne Walter

PROJEKTLEITUNG: Johanna Hänichen

PROJEKTMANAGEMENT: Snowdon & Lagoda

BUCHGESTALTUNG: Dipl.-Des. Katharina Staal

BUCHSATZ: Johannes Steil, Hamburg – www.brotschrift.de

BILDBEARBEITUNG, LITHOGRAFIE: Ellen Schlüter und Makro Chroma Joest & Volk OHG, Werbeagentur

LEKTORAT: Claudia Boss-Teichmann, Doreen Köstler

DRUCK: Westermann Druck Zwickau GmbH

BECKER
JOEST
VOLK
VERLAG
www.bjvv.de